AUGUSTO PASQUOTO

LOURDES: ONTEM E HOJE
A presença de Maria na vida do povo

EDITORA
SANTUÁRIO

Direção Editorial:	Pe. Marcelo C. Araújo, C,Ss.R.
Conselho Editorial:	Avelino Grassi
	Márcio F. dos Anjos
Coordenação Editorial:	Ana Lúcia de Castro Leite
Copidesque:	Leila Cristina Dinis Fernandes
Revisão:	Ana Lúcia de Castro Leite
Diagramação e Capa:	Mauricio Pereira

Dados Internacionais de Catalogação na Publicação (CIP)
(Câmara Brasileira do Livro, SP, Brasil)

Pasquoto, Augusto
   Lourdes: ontem e hoje: a presença de Maria na vida do povo / Augusto Pasquoto. – Aparecida, SP: Editora Santuário, 2009.

   Bibliografia.
   ISBN 978-85-369-0150-3

   1. Bernadette Soubirous, Santa, 1844-1879 2. Nossa Senhora de Lourdes – Aparições e milagres 3. Nossa Senhora de Lourdes – História I. Título.

08-11138   CDD-232.917

Índices para catálogo sistemático:
1. Nossa Senhora de Lourdes: Aparições e milagres: Cristianismo 232.917

A marca FSC® é a garantia de que a madeira utilizada na fabricação do papel deste livro provém de florestas que foram gerenciadas de maneira ambientalmente correta, socialmente justa e economicamente viável.

Este livro foi composto com as famílias tipográficas Garamond e Abadi e impresso em papel Offset 75g/m² pela **Gráfica Santuário**.

5ª impressão

Todos os direitos reservados à **EDITORA SANTUÁRIO** – 2019

 Rua Pe. Claro Monteiro, 342 – 12570-000 – Aparecida-SP
Tel.: 12 3104-2000 – Televendas: 0800 - 16 00 04
www.editorasantuario.com.br
vendas@editorasantuario.com.br

À minha esposa Joseana, companheira fiel e inseparável de muitos anos.
À nossa filha Mariana, muito amada.

Em homenagem aos casais
da Equipe Nossa Senhora de Lourdes
– Porto Feliz-SP –
e aos conselheiros espirituais.

SUMÁRIO

Apresentação 9

1. A jovem vestida de branco 11
   A família Soubirous 14
   Doente e analfabeta 17
   Catando lenha e ossos 20
   A jovem vestida de branco 23
   Queria guardar segredo, mas... 24
   Segunda aparição 26
   Terceira aparição 29
   Quarta aparição 30
   Quinta aparição 31
   Sexta aparição – o Dr. Dozous 32
   O interrogatório do procurador imperial 33
   O interrogatório do comissário de polícia 35
   E a Senhora não apareceu... 37
   Sétima aparição 38
   Oitava aparição – Penitência! 40
   Nona aparição – A fonte da gruta 40
   Décima aparição 42
   Décima primeira aparição 43
   Décima segunda aparição 44
   A primeira cura milagrosa 46

Décima terceira aparição – A Senhora faz um pedido..... 46
Décima quarta aparição 49
Décima quinta aparição – O dia da Grande Quinzena.... 50
A jovem Senhora se revela 51
O padre se convence 53
A chama da vela que não queima 55
A Primeira Eucaristia 56
A bela Senhora se despede 58
Os começos do Santuário de Lourdes 58
A comissão dos bispos e suas conclusões 60

2. O processo de reconhecimento da cura 63
As procissões e as capelas 65
A Comissão Médica de Lourdes 66
Como funciona a verificação médica da cura 68
A prudência da Igreja frente aos milagres 71
Critérios para se julgar uma cura 72
Mas, afinal, o que é um milagre? 74

3. As curas extraordinárias 75
"Se você voltar curado, então eu acreditarei" 77
A cura do menino Luís Justino 80
A cura do jardineiro 84
A cura instantânea de Joachime 87
O soldado Francisco 89
Um homem de má-fé 91
Um homem de boa-fé 98
O carteiro Gabriel 102
A tuberculose desapareceu 105
O soldado Jack 107
A professora Elisabete 113
O câncer do tamanho de um melão 116
A cura da meningite 120

A cura durante a Missa 123
A cura do câncer uterino 127
Maria Teresa voltou curada 130
A cura da dançarina 132
Evásio Ganora 135
Curada durante a reza do terço 137
Curada ao receber a Comunhão 138
A cura no trem de volta 140
Cura do menino idiota 143
Milagre por via indireta 146
E as curas continuam... 147

4. Reflexões sobre as curas 149
Os sinais durante a cura 151
Os sinais após a cura 153
É a fé que cura? 154
E os doentes que não são curados? Por quê? 158
Algumas teorias sobre as curas 159
O doente não pode ver, mas vê... 165
As falsas curas 166
A opinião de nossos irmãos separados 170

5. O sentido de Lourdes 173
Bernadete, única testemunha 175
O terço e o sinal da cruz 177
A penitência 178
Os sorrisos da Senhora... e sua tristeza 179
Ir em procissão até a gruta 180
Bernadete, triturada como o trigo no moinho... 181
Lourdes na vida do cristão 182

6. Santa Bernadete 183
Vida depois das aparições 185
A família Soubirous deixa o calabouço 186
Cuidando dos doentes 187
O interrogatório do bispo 188
A guerra dos segredos 190
Vocação religiosa 191
Adeus, Lourdes! 193
Veio para se esconder, mas... 193
Ladra... 194
Bernadete, uma inútil? 195
Penitência! 197
A doença se agrava 199
A noite dos sentidos 201
O desenlace 202
O corpo intacto 204
Uma vida dedicada à oração e à penitência 205
Santa Bernadete 207

APRESENTAÇÃO

O ano de 2008 foi o do sesquicentenário dos acontecimentos de Lourdes. São 150 anos a contar desde a primeira aparição da Senhora a Bernadete, no dia 11 de fevereiro de 1858.

Passado tanto tempo, alguém poderá pensar: "Lourdes? É coisa do passado! Nada tem a ensinar para nossa época".

Engano! As aparições em Massabielle não são acontecimentos do passado aos quais a última aparição de 16 de julho de 1858 teria posto um termo. Lourdes foi uma pequena semente que germinou, cresceu e continua desenvolvendo-se. Na origem está uma menina pobre, doente e analfabeta, que olha para um côncavo de rochedo, beija a terra, bebe água da fonte, recita o seu terço e repete algumas palavras muito simples que parecem não nos ensinar nada de novo. Essa semente tornou-se uma grande árvore, um dos mais importantes movimentos de multidão – e de graça – desta terra.

Os fatos extraordinários e misteriosos que aconteceram e acontecem em Lourdes trazem um problema para as pessoas de comportamento materialista. São fatos que escapam ao domínio do conhecimento humano e, por isso mesmo, perturbam e criam embaraço. Muitos simplesmente negam, sem mais nem menos, dizendo que tudo não passa de histeria e fantasia.

Outros, porém, mais imbuídos de espírito científico, estão conscientes de que a ciência e a medicina até hoje não conseguiram dar uma explicação razoável a esses fatos ligados a Lourdes. Curas extraordinárias foram registradas pela Comissão Médica de Lourdes e foram examinadas exaustivamente por cientistas e por doutores em medicina. A Igreja Católica, através de seus representantes, também estudou com cuidado os relatórios dos médicos, antes de pronunciar o seu julgamento canônico. Para muitas dessas curas, a conclusão foi unânime: pelos conhecimentos que temos atualmente, nem a ciência nem a medicina conseguem explicar o modo como elas aconteceram.

Nossa intenção nestas páginas é narrar, além da história das aparições da Senhora na gruta, as curas que de fato foram consideradas inexplicáveis pela Comissão Médica de Lourdes ou que foram declaradas milagrosas pela Igreja Católica.

1

A JOVEM VESTIDA DE BRANCO

Era o dia 11 de fevereiro de 1858, uma quinta-feira. Naquela manhã fria e garoenta de inverno europeu, Luísa estava saindo de casa. A vizinha Joana Abadia, uma menina de 12 anos que tinha o apelido de Baloum, vendo-a, perguntou:

— Luísa, aonde a senhora vai?
— Vou catar lenha, respondeu ela.
Estava frio e não havia mais lenha em casa.
— Eu também vou, ofereceu-se a menina.
Já estavam para sair, quando Baloum sugeriu:
— Que tal se Toinette e Bernadete fossem também com a gente?
Luísa ficou pensativa por alguns instantes. Depois disse:
— Então, vamos fazer o seguinte: vocês três vão e eu fico.

Bernadete

A família Soubirous

Toinette e Bernadete eram irmãs. A mãe, Luísa Castérot, era uma mulher loura, de 33 anos e de olhos azuis. O pai, Francisco Soubirous, bem mais velho, com quase 50 anos, era um moleiro mal-sucedido, cego de um olho e frequentemente tristonho. Sua fama ficou um tanto arranhada por ter sido preso, embora injustamente. Foi acusado de ter furtado farinha de uma padaria.[1] No livro de ocorrências policiais ficou registrado o motivo da prisão alegado pelo padeiro:

— Foi seu estado de miséria que me levou a crer que ele poderia ser o autor do furto.

Francisco e Luísa Soubirous – pais de Bernadete

---

[1] S. M. D'Erceville. *Lourdes, a história, os milagres, a mensagem*. Ed. Paulinas, São Paulo, 1962, p. 14. O Pe. René Laurentin fala também de um caso registrado pela polícia de Lourdes envolvendo uma prancha de madeira que Francisco encontrou encostada num muro da rua e que levou para sua casa.

Bernadete viu-o partir, envergonhado, entre dois soldados. Foi inocentado e solto somente uma semana mais tarde, porque as marcas do sapato deixadas no chão da padaria pelo ladrão não coincidiam com as do sapato de Francisco.

As duas irmãs ficaram contentes com a ideia de ir catar lenha, pois assim poderiam sair por algumas horas do calabouço *(cachot)*, como era conhecido o lugar onde moravam. O nome era apropriado, porque se tratava de um alojamento escuro e triste que tinha servido anteriormente como cadeia, mas que fora desativada por ter um ambiente insalubre.

O calabouço (cachot)

Os Soubirous formavam uma das famílias mais pobres de Lourdes. Moravam anteriormente em uma casa junto ao moinho de Boly que Francisco herdou do sogro. Foi lá que nasceu Bernadete, no dia 7 de janeiro de 1844. Recebeu o nome de Bernarde-Marie, mas desde criança era chamada por Bernadete.[2]

---

[2] O nome de nascimento era Bernard-Marie, mas o padre, ao anotar o nome no registro de batismo, escreveu Marie-Bernard. Os pais pediram ao padre que mudasse para o nome correto, mas ele se negou a fazê-lo.

Moinho de Boly, onde Bernadete nasceu

A casa do moinho de Boly era ampla, com relativo conforto, e nela a menina passou parte de sua infância. Mas os negócios andaram mal e tiveram de vender o moinho para pagar dívidas. Conseguiram alugar um outro em Arcizac, perto de Lourdes. Mas de novo não se deram bem e foram despejados. Tiveram de peregrinar por vários lugares, morando em alojamentos miseráveis.

Em 1856 a colheita não foi boa para os agricultores da região. O preço do pão passou de 30 para 70 centavos o quilo. Veio a fome. No início do inverno de 1857 os Soubirous estavam na rua. Para onde ir?

O primo André Sajous veio em auxílio. Algum tempo antes ele havia adquirido um sobrado, onde, no andar térreo, se localizava o calabouço. Cedeu-o, então, aos Soubirous, enquanto ele e sua família moravam no andar superior.

A descrição que o padre Cros fez da ida dos Soubirous até o calabouço é impressionante.[3] Os pobres móveis e as roupas da

---

[3] L. J. M. Cros, S.J. *Documentos manuscritos*. Conservados no convento dos padres Jesuítas de Tolosa, ficha 227.

família estavam amontoados num carrinho de mão. O calabouço constava simplesmente de um cômodo único, de quatro metros por cinco, sem divisão interna, muito pobre, escuro, úmido e pouco ventilado. E foi nesse cômodo único, com apenas duas camas, que se alojaram Francisco e sua mulher com os quatro filhos que já tinham na época: Bernadete, Toinette, Jean-Marie e Justin. Era lá que Luísa preparava as magras refeições num fogão a lenha. E, no fim do dia, a família ajoelhada em torno do chefe rezava a oração da noite diante de um crucifixo pendente na parede.

Daí se compreende a alegria das duas meninas ao receberem o convite para sair. Longe do calabouço, poderiam tomar sol e respirar ares mais puros. Antes de saírem, Luísa deu recomendações a Bernadete e fez com que colocasse sobre os ombros a manta com capuz, pois ela sofria de uma doença respiratória crônica. Por isso, não devia tomar friagem.

Doente e analfabeta

De fato, Bernadete não gozava de boa saúde. A grande pobreza que reinava na família Soubirous deixou nela suas marcas. Além disso, não pôde ser amamentada pela mãe. Uma noite Luísa, já grávida de outra criança, estava sentada perto do fogão e cochilou. Uma vela acesa e presa à chaminé caiu em cima dela e sua roupa pegou fogo. A queimadura que sofreu impediu-a de amamentar Bernadete.[4]

Uma coincidência veio resolver o problema. Em Bartrès, um vilarejo distante três quilômetros de Lourdes, morava a senhora

---

[4] Cf. René Laurentin. *Bernadete, a santa de Lourdes*. Ed. Paulinas, 2ª ed., p. 16.

Maria Lagües, que acabava de perder o seu filho primogênito de 18 dias. Ela aceitou amamentar a menina mediante o pagamento de cinco francos por mês. Bernadete ficou em Bartrès com a ama-de-leite durante 10 meses.

Em 1855 houve uma infestação de cólera em Lourdes e em seus arredores, fazendo 30 vítimas fatais. Bernadete, que tinha 11 anos, também contraiu a doença. Foi submetida a um estranho tratamento: esfregaram-lhe as costas até sangrar. Ela se curou, mas sua saúde ficou abalada.

Desde os oito anos de idade era atacada por acessos de tosse causados pela asma, uma doença respiratória que lhe custou muito sofrimento durante toda a vida. Essa doença limitava as suas atividades. Até então, ela não tinha frequentado regularmente a escola nem ido sempre ao catecismo. Não sabia ler nem escrever, nem sabia falar o francês, a língua oficial aprendida na escola. Só falava o patoá, que era o dialeto usado na região de Lourdes. Mas, apesar de analfabeta, era dotada de um sólido bom senso e de uma grande firmeza de caráter.

Por causa da doença, da pobreza e da pouca atividade física, Bernadete não possuía uma estatura normal à sua idade. Embora tivesse quatorze anos, sua compleição física era de uma menina de dez ou doze, de baixa estatura, com aproximadamente 1,40 metro de altura. Apesar de tudo, tinha uma aparência jovial, "com lindos cabelos castanhos, cílios longos, olhos meigos de tom castanho escuro".[5]

---

[5] Michel Agnellet. *Cent ans de Miracles a Lourdes*. Ed. Trévise, Paris, 1957, p. 13.

Bernadete

Era muito piedosa e tinha um grande desejo: fazer enfim a sua Primeira Comunhão, como já havia feito a sua irmã mais nova. Naquela idade, Bernadete ainda não sabia quase nada do catecismo. O padre Pomian, coadjutor da paróquia, examinando-a um dia, verificou espantado:

— Nem sequer o mistério da Santíssima Trindade!

Então, para ajudá-la na aprendizagem do catecismo, sua antiga ama-de-leite, Maria Lagües, dispôs-se a levá-la novamente a Bartrès, onde ela seria também matriculada na escola do lugarejo. Em troca, Bernadete ajudaria em certos afazeres domésticos. Os pais da menina consentiram, porque também era uma boca a menos a sustentar no miserável calabouço. E em setembro de 1857 ela voltou para Bartrès.

Mas decepção... Em vez de aulas, pastoreio. Em vez de ir à escola, saía todos os dias pelas colinas e vales à frente de seus carneiros e ovelhas. O pastoreio foi para ela uma longa solidão, mas, ao mesmo tempo, um refúgio amigo. Gostava dos seus carneiros, "especialmente do menor". Quando ela construía altares no campo e os enfeitava com flores, como era costume do lugar, o carneirinho preferido teimava em derrubá-los. Bernadete não se incomodava.

– Para castigá-lo, eu lhe dava sal, que apreciava muito.

Gostava também do seu cachorro Pigou, que a acompanhava sempre durante o pastoreio das ovelhas.

Um dia recebeu a visita de sua prima Joana Védère, com quem conversou muito e expôs as suas confidências. Confessou-lhe que sofria muito por não poder fazer a Primeira Comunhão, como as outras meninas. Mas conformou-se, dizendo:

– Penso que o bom Deus assim o quer. Se Deus o permite, não é possível se queixar.

Em janeiro de 1858 voltou definitivamente para Lourdes, para o mísero calabouço. Logo em seguida foi admitida na escola dirigida pelas irmãs de caridade de Nevers. Embora já estivesse com 14 anos, estudava em companhia das meninas de sete, na classe gratuita para as crianças pobres.

Não podia imaginar que, dentro de alguns dias, acontecimentos maravilhosos iriam sacudir a sua vida.

Catando lenha e ossos

As três jovens saíram da cidade, atravessaram a ponte velha sobre o rio Gave e começaram a catar gravetos nas redondezas. Bernadete levava uma cesta para recolher também ossos velhos, que seriam depois vendidos à trapeira. Se a colheita fosse boa, poderia render até 10 centavos de francos, o suficiente para comprar o pão do dia.

Andaram pelos prados ao redor do canal de Savy. Esse canal tinha sido feito para tocar o moinho de Savy e uma serraria. Atravessaram-no por uma passarela e continuaram à cata de lenha e ossos. Por fim, chegaram a um ponto onde o canal desemboca no rio Gave.

Lá do outro lado do canal e à margem esquerda do Gave, havia uma grande rocha conhecida como Massabielle, que no dialeto da região significava massa ou rocha velha. Era um bloco de pedra gigantesco de aproximadamente 27 metros de altura, cheio de fendas e buracos que formavam vários nichos naturais. Trepadeiras, arbustos e roseiras silvestres cresciam nas fendas e rachaduras. Na parte inferior havia uma cavidade, uma espécie de gruta, que media aproximadamente oito metros de largura e de profundidade. Acima dessa gruta e um pouco à direita havia uma abertura em forma de nicho.

Gruta no tempo das aparições

As meninas ficaram observando, por alguns instantes, aquele rochedo imponente. Depois, resolveram seguir em frente, pela margem esquerda do Gave. Mas, para isso, era necessário atravessar o canal. A água estava gelada, pois vinha das montanhas onde o gelo, naquela época, estava derretendo-se. Toinette e Baloum tiraram os sapatos e entraram no canal, suspendendo as saias. Gemeram de dor quando sentiram a água gelada que lhes dava até os joelhos.

Bernadete, preocupada com sua doença e com as recomendações da mãe, ficou na dúvida se devia atravessar. Procurou os lugares mais rasos do canal onde pudesse saltar sobre pedras, mas não encontrou. E pediu para as duas:

— Ajudem-me a jogar pedras na água para eu passar.

— Faça como nós, disse Joana.

As duas já estavam na outra margem do canal. Depois, passaram em frente à gruta e seguiram adiante pela margem do rio Gave, desaparecendo de vista.

A jovem vestida de branco

Bernadete viu-se sozinha e resolveu também atravessar o canal. Tirou um sapato. Estava tirando a meia quando, de repente... Ela mesma contou o que aconteceu:

– Comecei a tirar uma meia, quando ouvi um barulho semelhante a uma rajada de vento. Olhei na direção do campo e vi que as árvores estavam absolutamente paradas, sem nenhum movimento. Eu tinha percebido, mas sem ter olhado, uma agitação de ramos do lado da gruta.

Continuou tirando os sapatos. Quando colocou um pé na água, ouviu novamente o mesmo barulho de vento. Ergueu os olhos e viu que os ramos dos arbustos que cresciam na parte inferior da abertura mais alta da gruta estavam agitando-se de um lado para outro, enquanto que ao redor nada se movia. Então, uma luz branca e suave surgiu na abertura.

– Atrás dos ramos, continua Bernadete, vi logo em seguida, na abertura, uma jovem vestida de branco, aproximadamente da minha altura. Ela me saudou com uma leve inclinação da cabeça. Era jovem e bela, tão bela como jamais vi. Ela sorriu para mim e acenou para que eu chegasse mais perto, como se ela fosse minha mãe. No seu braço direito pendia um rosário. Tive medo. Recuei. Quis chamar minhas companheiras, mas não tive coragem. Esfreguei os olhos várias vezes, crendo estar enganada. Reerguendo os olhos, vi que a jovem sorria para mim com muita graça e parecia convidar para me aproximar. Mas eu ainda estava com medo. Não era um medo como tinha tido outras vezes, pois eu ficaria ali sempre para contemplar aquela jovem.

Bernadete, então, teve uma ideia: enfiou a mão no bolso e tirou o terço que sempre levava consigo. Ajoelhou-se para rezar e tentou fazer o sinal da cruz. Mas não conseguiu porque sua mão parou à meia altura e depois caiu. Viu que a jovem se voltou inteiramente para ela, segurando o rosário na mão. Bernadete continua:

– A jovem fez um lindo sinal da cruz, para rezar. Minha mão tremia. Tentei de novo fazer o sinal da cruz e consegui. Depois disso, não tive mais medo. Rezei o terço. A jovem corria seus dedos nas contas de seu rosário, mas não mexia os lábios.

Durante a recitação do terço, Bernadete ficou observando atentamente a aparição. A jovem estava com um vestido branco que descia até os pés, dos quais só apareciam os dedos. O vestido estava preso ao redor do pescoço por uma fita, da qual pendia um cordão branco. Um véu branco lhe cobria a cabeça, descia pelos ombros e ao longo dos braços indo até embaixo. O cinto do vestido era azul e pendia até abaixo do joelho. Sobre cada um dos pés havia uma rosa amarela. A corrente do rosário era amarela, e as contas, brancas, grandes e distanciadas umas das outras...

– Quando acabei de rezar o terço, fez-me sinal para eu chegar mais perto. Mas não me atrevi. Então, Aquilo sumiu.[6]

Era aproximadamente meio-dia.[7]

Queria guardar segredo, mas...

A aparição durou em torno de quinze minutos. Durante esse tempo, Toinette e Joana andaram nas proximidades catando lenha. Quando voltaram, ficaram espantadas ao ver Bernadete

---

[6] "Aquilo" – *Aqueró* no dialeto patoá – foi um termo usado inicialmente pela vidente, por prudência, pois não sabia quem era aquela jovem. Depois usou também o termo *Jovem* e *Senhora*.

[7] Bernadete deixou vários relatos pormenorizados da primeira aparição que lhe ficou tão viva na lembrança. Além dos depoimentos da vidente, existe o testemunho muito vivo e detalhado de Toinette, irmã de Bernadete.

que ainda permanecia ajoelhada diante da gruta de Massabielle, como que petrificada, com os olhos fixos na direção do nicho mais alto da rocha. Toinette a chamou três vezes:
— Bernadete! Bernadete! Bernadete!
Ela não respondeu nada nem se mexeu. Toinette conta:
— Aproximando-me da gruta, eu joguei por duas vezes uma pedrinha na direção de Bernadete. Toquei no seu ombro, mas ela nem se mexeu. Estava branca como se estivesse morta. Tive medo. Mas Joana me disse: "Se estivesse morta, estaria deitada".
De repente, Bernadete voltou a si e viu as meninas. Sua irmã lhe perguntou:
— O que você está fazendo aí?
— Nada!, respondeu Bernadete.
— Que maluquice a sua de ficar rezando neste lugar?
— As orações são boas em toda parte, respondeu ela com simplicidade.
Bernadete calçou as meias e os sapatos e assentou-se em uma pedra, sem parecer estar com frio. Depois perguntou:
— Vocês não viram nada?
— Não, e você? O que viu?
— Nada também.
Ela parecia querer guardar segredo. Mas, no caminho de volta, estando só com sua irmã — Joana já havia se despedido delas —, não resistiu à tentação. Contou o que tinha acabado de ver e pediu que a irmã guardasse segredo.
— Prometo que não vou contar nada a ninguém, disse-lhe a irmã.
De volta à casa, enquanto a mãe passava o pente em seus cabelos embaraçados, Toinette começou a tossir esquisito.
— Que há com você? Está doente?
— Não, mãe, estou pensando no que Bernadete me disse...
Pronto! Escapou. E a mãe ficou sabendo de tudo. Longe de se mostrar encantada com a história, Luísa não gostou da

"brincadeira" e bateu nas duas com uma vara. E proibiu terminantemente que voltassem à gruta.

Pelo resto do dia, a imagem daquela aparição perdurou viva no espírito de Bernadete. Durante a oração da noite, as recordações ficaram ainda mais sensíveis, e a menina comoveu-se até as lágrimas, perante seus pais e irmãos. Isto levantou uma interrogação, principalmente no espírito da mãe: o que, de fato, havia acontecido na gruta?

Segunda aparição

Nos dois dias seguintes, Bernadete insistiu para voltar a Massabielle, mas a mãe permaneceu firme na proibição. No dia 13, sábado, ela foi até o padre Pomian, o coadjutor da paróquia, e contou-lhe o que havia acontecido na gruta, dois dias antes.

– Vejo alguma coisa branca que tem forma de uma senhora.

O padre ouviu-a contar a história da aparição. Ficou perturbado. Devidamente autorizado, contou o fato ao pároco, padre Peyramale que, levado pela prudência, disse simplesmente:

– Esperemos...

No domingo, ela sentiu interiormente um forte apelo para ir até a gruta. Contou para a sua irmã que, por sua vez, falou com a mãe. Mas a senhora Luísa não cedeu. Então, entrou em cena a amiga Joana Abadia, que, com seus rogos e argumentos, conseguiu a permissão.

Naquele dia, Bernadete voltou a Massabielle acompanhada de algumas meninas que eram suas colegas da classe das indigentes na escola. Uma delas trazia no bolso de seu vestido um frasquinho cheio de água benta.

Chegando à gruta, Bernadete fez com que todas se ajoelhassem e tomassem o terço que cada uma levava consigo. Começaram a rezar. No final da primeira dezena, Bernadete exclamou:

– Lá está ela. Está com o rosário no braço direito. Está nos olhando!

É claro, só ela via a aparição. As outras meninas estavam imóveis, olhando atentamente ora para a gruta ora para a vidente. Uma de suas companheiras, Maria Hillot, disse-lhe:

– Jogue logo a água benta!

Bernadete então se levantou, tomou do frasco com água benta, aproximou-se da gruta e exclamou:

– Se você vem da parte de Deus, fique! Caso contrário, vá embora!

E lançou a água benta na direção da jovem.

– Quanto mais eu aspergia, mais ela sorria. Continuei até esvaziar o vidrinho, explicou posteriormente Bernadete.

Satisfeita, voltou a ajoelhar-se junto das companheiras. Alguns instantes mais tarde ela entrou em êxtase: foi sacudida como que por um choque, ficou imóvel, seu rosto tornou-se pálido, seu busto lançou-se para frente e os olhos fixaram-se no nicho. As meninas falaram com ela, sacudiram-na, mas não tiveram resposta.

– Como está pálida! Ela está morrendo!, sussurrou alguém.

Chamaram pelo seu nome, mas Bernadete parecia não ouvir nada. Ela se pôs a chorar em silêncio. Assustadas, algumas meninas saíram em procura de socorro.

Algum tempo depois chegou o moleiro Antônio Nicolau, um moço forte de 28 anos, junto com sua mãe. Em frente à gruta, ele presenciou uma cena que nunca mais esqueceu. Eis o relato que fez, mais tarde, ao padre Cros, contando o que viu:[8]

– Bernadete estava de joelhos, muito pálida, os olhos muito abertos e dirigidos para a gruta. Tinha as mãos juntas e o terço

---

[8] Cros. *Histoire de Notre-Dame de Lourdes, d'après les documents e les témoins*. Beauchesne, Paris, citado por Michel Agnellet, op. cit., p. 20.

entre os dedos... Ela sorria e tinha um rosto belo, mais belo de todos os que eu já vi. Permaneci observando-a algum tempo imóvel. Apesar de seu sorriso, fiquei com pena de vê-la assim tão pálida. Por fim me aproximei, porque minha mãe disse: "Pegue-a e vamos levá-la para casa".

Antônio tomou-a pelo braço direito para levantá-la. Mas a menina resistia e queria ficar, conservando os olhos sempre fixos no alto. Com a ajuda da mãe segurando por um braço, o moleiro conseguiu colocá-la em pé. Depois, enxugou-lhe os olhos e pôs a mão na frente para impedir que ela visse. Tentou fazer com que curvasse a cabeça, mas ela a levantava de novo e reabria os olhos, sorrindo.

Desceram, então, pelo caminho do bosque até o moinho de Savy. Antônio e sua mãe iam fazendo-lhe perguntas, mas Bernadete não respondia nada. Ela estava ainda dominada pelo êxtase. Ao chegar à casa do moleiro, ainda na soleira da porta, ela abaixou os olhos e a cabeça, e a cor voltou ao seu rosto. Levaram-na para a cozinha e fizeram que se assentasse. Então, o moleiro perguntou:

– O que é que você vê naquele lugar? Você vê alguma coisa feia?

– Oh, não! Vejo uma jovem muito bonita. Ela traz um rosário no braço e tem as mãos juntas.

Um pouco mais tarde, a mãe Luísa chegou ao moinho, com uma vara na mão. Mas, desta vez, protegida pelas companheiras, Bernadete escapou de apanhar...

A notícia desta segunda aparição espalhou-se rápida pela cidade e seus arredores e tornou o assunto principal das conversas e comentários do povo. Todos se perguntavam quem seria aquela jovem vestida de branco que supostamente estava aparecendo a Bernadete. Mas a jovem ainda não tinha revelado quem era. Aliás, até então, ela não havia dito uma única palavra.

Terceira aparição

Algumas senhoras da alta sociedade resolveram colocar-se à disposição de Bernadete, para ajudá-la e protegê-la. Entre elas contavam-se a senhora Millet e a senhorita Peyret. A senhora Millet era casada com um rico senhor de Lourdes, a quem antes tinha servido como doméstica. A senhorita Peyret, filha do escrivão da cidade, era costureira de Millet. E Luísa, a mãe de Bernadete, era faxineira da casa de Millet.[9] Por isso, não se podia recusar nada a essa senhora.

Assim, dois dias depois da segunda aparição, Bernadete foi à gruta acompanhada pelas duas mulheres. A senhorita Peyret levava na bolsa uma folha de papel e material para escrever. Mais tarde ela explicou:

– Como a aparição vestia uma roupa branca e um cinto azul e trazia um rosário, eu pensava tratar-se de nossa presidente das Filhas de Maria, Elisa Latapie, morta havia um mês. De fato, nós usávamos uma fita azul com uma medalha e trazíamos um rosário no pulso nos dias da consagração e nos enterros. Eu pensava que, se a defunta precisasse de orações, ela escreveria seu pedido...

Quando chegaram e começaram a rezar o terço, a jovem Senhora apareceu no nicho acima da gruta. Então, a senhorita Peyret pediu que Bernadete lhe entregasse papel e caneta. A vidente dirigiu-se à aparição e disse:

– Quer ter a bondade de colocar aqui o seu nome por escrito?

Ela sorriu e disse:

– Não é necessário.

Foi a primeira vez que Bernadete ouviu a sua voz. A jovem da aparição falava em patoá, o dialeto também falado por Bernadete. Depois, *Aqueró* fez um pedido:

---

[9] René Laurentin. *Op. cit.*, p. 41.

– Você poderia fazer a gentileza de vir aqui durante quinze dias? Bernadete ficou encantada com a delicadeza da expressão "aué la gracia", ter a gentileza. E respondeu:
– Virei sim, com a permissão de meus pais.

E a jovem Senhora terminou esse diálogo com uma frase misteriosa:
– Não prometo fazer você feliz neste mundo, mas no outro.

E desapareceu.

De volta, Bernadete foi para a casa da senhora Millet, onde ficou hospedada por alguns dias, conforme havia sido combinado entre Millet e a mãe da vidente.

Quarta aparição

Bernadete prometeu à jovem da aparição que iria à gruta por 15 dias. Como vai poder cumprir sua palavra, se tem a proibição de seus pais? Se for até a gruta, desobedecerá aos pais. Se não for, faltará com sua promessa à Senhora. Que angústia para a pobre menina!

Mas sua tia Bernarda achou uma solução. Aconselhou os pais da vidente que a deixassem ir, com a condição de que eles a acompanhassem. E assim, no dia 19 de fevereiro, Bernadete foi à gruta acompanhada, pela primeira vez, de sua mãe e da tia Bernarda. Saíram de casa antes de o sol nascer, com a intenção de não serem percebidas. Mas alguns vizinhos viram e juntaram-se a elas.

Bernadete ajoelhou-se e começou a rezar o terço. Momentos depois, seu rosto transfigurou-se, e ela parecia não mais pertencer a este mundo. Seus pais já tinham ouvido dizer como o semblante da filha se modificava na presença da Senhora. Falavam de "sorrisos que iluminavam seu rosto"; de "correntes de felicidade que a faziam estremecer"; de graciosas saudações que ela fazia frequentemente; da maneira como fazia o sinal da cruz, com gesto amplo e solene "exatamente como deve ser feito no céu"; e também de momentos de tristeza e de lágrimas. Agora, a mãe em pessoa estava vendo com seus próprios olhos e ficou perplexa.

– Ó meu Deus!, exclamou ela trêmula de emoção. Não leve embora minha filha!

O êxtase durou aproximadamente trinta minutos. Terminada a visão, Bernadete parecia muito feliz. Atirou-se nos braços da mãe e contou que a Senhora tinha manifestado satisfação por ela estar cumprindo a promessa de voltar à gruta. Contou também que, durante a visão, tinha ouvido um tumulto de vozes horríveis que pareciam subir do canal e gritavam:

– Foge! Foge!

Essas palavras pareciam dirigidas à jovem Senhora da aparição. Mas ela simplesmente dirigiu o olhar na direção das vozes, que logo foram diminuindo de intensidade e, por fim, sumiram, restabelecendo a calma.

Quinta aparição

No dia 20 de fevereiro, sábado, pelas seis horas da manhã, lá estava Bernadete ajoelhada junto à gruta, em companhia de umas 30 pessoas. Começou a oração do terço e, depois de algum tempo, todos perceberam o momento em que ela entrava em contato com a Senhora. Seus olhos fixaram-se no nicho da gruta, não piscavam, mesmo quando a cabeça se inclina para as saudações. Sorria algumas vezes, outras vezes ficava séria e triste.

Os assistentes permaneciam quietos e recolhidos, olhando alternadamente ora para a vidente, ora para o alto da gruta. Passados uns 15 minutos de êxtase, Bernadete fez a última saudação e retornou ao seu normal, enquanto que um ar de tristeza perpassava por seu semblante.

Nessa aparição, a Senhora ensinou a Bernadete uma oração que ela recitará todos os dias de sua vida. Ninguém nunca ficou sabendo qual foi essa oração, pois a vidente guardou segredo até a morte.

Naquele mesmo dia, Bernadete deixou a casa da senhora Millet, onde estava hospedada, e voltou para a casa da mãe no calabouço. Quem ficou contente com isso foi a tia Bernarda, que não via com bons olhos a tutela que uma estranha queria exercer sobre a sobrinha.

Sexta aparição – O Dr. Dozous

No dia 21 de fevereiro, domingo, dia da sexta aparição, um senhor vestido de preto misturou-se à multidão e foi até a gruta. Na tarde do dia anterior, esse mesmo senhor havia prometido aos seus amigos que iria desmascarar Bernadete e provar que tudo não passava de mistificação e de enganação da pobre menina.

Era o Dr. Dozous, médico muito conhecido em Lourdes e seus arredores, famoso por sua instrução e por sua solidariedade com os mais necessitados.[10] Mas não era muito religioso, não frequentava a igreja, a não ser nas cerimônias de enterros, batizados e nas festas oficiais. Ele queria surpreender Bernadete bem na hora da "visão", diante da gruta e diante de todo o povo, pelo simples exame de seu pulso. Eis como o próprio Dr. Dozous relatou, mais tarde, essa aparição:[11]

– Quando chegou à gruta, Bernadete ajoelhou-se, tirou do bolso seu terço e pôs-se a rezá-lo. Seu rosto logo se transformou, indicando que estava em contato com a aparição. Enquanto segurava o

---

[10] Os autores Colette Yver e d'Derceville descrevem a presença e a atuação do Dr. Dozous na sexta aparição. Entretanto, o padre René Laurentin ignora esse fato.
[11] Dr. P. R. Dozous. *La grotte de Lourdes*. Auch, 1874, p. 37.

terço com a mão direita, tinha na mão esquerda uma vela acesa que muitas vezes se apagava por causa do vento forte. Mas ela a estendia para a pessoa mais próxima, para que a acendesse novamente. Eu, que seguia com grande atenção todos os movimentos de Bernadete, a fim de estudá-la sob todos os aspetos, quis saber naquele momento qual seria o estado de sua circulação sangüínea e de sua respiração. Tomei um de seus braços e coloquei meus dedos sobre a artéria radial. O pulso estava tranqüilo, regular; a respiração, fácil. Nada na menina indicava uma superexcitação nervosa que pudesse reagir sobre todo o organismo de um modo particular.

Depois que o doutor largou seu braço, Bernadete avançou um pouco em direção à gruta. Seu rosto, que até então aparentava a mais perfeita felicidade, entristeceu-se e duas lágrimas caíram de seus olhos e rolaram pela face.

Terminada a aparição, quando a vidente se retirava, o Dr. Dozous perguntou-lhe por que havia derramado as lágrimas. Ela explicou que, num dado momento, a jovem Senhora tirou seu olhar sobre ela e dirigiu-o ao longe por sobre sua cabeça; e, vendo a expressão triste da Senhora, perguntou o que a entristecia. A Senhora voltou novamente seu olhar para ela e disse:

– Orai a Deus pelos pecadores!

O interrogatório do procurador imperial

Nos dias seguintes, a jovem Senhora da gruta de Massabielle foi fiel: vinha todo dia e aparecia a Bernadete, com exceção dos dias 22 e 26 de fevereiro. E a turma de curiosos que acompanhava a vidente até a gruta ia aumentando dia após dia. As autoridades locais começavam a ficar preocupadas com tanta movimentação, e o caso foi parar no Ministério da Instrução Pública e dos Cultos.

Foi convocada uma reunião para deliberar sobre o que fazer. Na Prefeitura encontraram-se o prefeito Lacadé, o procurador

Jacques Vital Dutour, o chefe do esquadrão Renault, o juiz Rives e o comissário de polícia Jacomet. Depois de longa conversa, chegaram a uma conclusão: deviam proibir Bernadete de se dirigir a Massabielle, a fim de impedir toda aquela movimentação na gruta.

Bernadete foi avisada para ir com urgência até o Tribunal, onde o procurador Dutour a esperava. Entrou na sala, vestida com simplicidade, com o capuz de seu manto negro caído sobre os ombros. E começou o interrogatório que, no essencial, foi o seguinte:

– É verdade que você tem a intenção de ir à gruta toda manhã?
– Sim, senhor, eu prometi ir lá durante 15 dias.
– Mas você poderia deixar de ir... e nós podemos impedi-la de ir!
– Eu sou levada por uma força irresistível...
– Tome cuidado! Há muita gente pensando que você e seus parentes poderiam estar querendo explorar a crendice do povo... Devo declarar que, se você não for sincera ao descrever as aparições ou se você e seus parentes tirarem algum proveito delas, poderá ser perseguida e condenada severamente.
– Eu não espero nenhuma recompensa desta vida!
– Isto é o que você diz. Mas não aceitou a hospitalidade oferecida pela Sra. Millet? E a vida na casa dela não é bem melhor do que na casa de seus pais?
– A Sra. Millet – retrucou Bernadete com vivacidade – foi procurar-me e quis levar-me para sua casa. Aceitei para lhe dar um prazer, não pensei em mim.

Por fim, o procurador Dutour convenceu-se de que a menina não agia de má-fé nem procurava enganar. Por isso, não proibiu que ela fizesse as visitas à gruta. Bernadete deixou o Tribunal feliz, com passos apressados, e foi anunciar essa boa nova a seus pais que a esperavam apreensivos.[12]

---

[12] O padre René Laurentin coloca o interrogatório do procurador Dutour após a nona aparição, no seu livro *Bernadette vous parle*, t. I, p. 76-89.

O interrogatório do comissário de polícia

Naquele mesmo dia, à tarde, o comissário de polícia Jacomet também quis fazer o seu interrogatório particular, com a intenção de persuadi-la a não mais ir à gruta. Mandou chamar Bernadete. O guarda campestre Callet, ao encontrá-la, ordenou:

— Acompanhe-me, Bernadete. O comissário de polícia quer conversar com você.

A menina obedeceu docilmente e apresentou-se diante de Jacomet, um "homem bonito", segundo a opinião do povo, com 38 anos, de abundante cabeleira negra e ondulada, imensos bigodes e barbicha "imperial" impecável. Era considerado uma pessoa inteligente. A pobre menina analfabeta, sem cultura, que não sabia falar o francês, teve de enfrentá-lo. Uma testemunha resumiu assim o que presenciou no interrogatório:

— Seu nome?
— Bernadete.
— Bernadete de quê?

A menina fica em dúvida. Era mais conhecida como Bernadete Boly, nome do moinho em que nasceu. Mas responde:

— Soubirous.
— Idade?
— 13... ou 14 anos.
— 13 ou 14?
— Não sei.

Bernadete havia completado 14 anos em 7 de janeiro.

— O que você faz em casa?
— Vou à escola das irmãs. Ajudo minha mãe em casa. E guardo meu irmãozinho.
— Diga-me o que você viu em Massabielle.

Bernadete contou-lhe pacientemente toda a história da aparição.

Por um momento o comissário pareceu interessado por aquela senhora da gruta. Queria saber como estava vestida, se era bonita...

— Aquela senhora é muito bonita?
— Oh! Sim, senhor, muito bonita... e muito jovem.
— Bonita como quem? Como a senhora Pailhasson?

A senhora Pailhasson era a mulher do farmacêutico. Era muito vaidosa, devia 12 mil francos ao costureiro...[13]

— Nada parecida!, respondeu Bernadete.
— Você vê seus pés?
— Não. O vestido e as rosas os escondem, exceto os dedos...
— Você diz que é a Santa Virgem que lhe aparece?
— Eu não sei quem ela é, ela não me disse.
— O que os seus pais lhe dizem sobre isso?
— Que são ilusões e que eu não devia mais voltar a Massabielle.
— Sim, minha filha... Toda gente ri de você, e muitos acreditam que você está maluca... Por causa do medo, sua imaginação exaltou-se, e essa senhora que você acredita ver não existe realmente.
— Mas, senhor, eu a vi várias vezes... Não posso me enganar sempre.

Por várias vezes Jacomet repetiu o interrogatório, pergunta por pergunta, para ver se a menina caía em contradição. Nessas repetições, ele colocava de propósito palavras que Bernadete não havia dito e, depois, perguntava-lhe se estava de acordo. A menina replicava vivamente:

— Não senhor, eu não disse isso!

Jacomet fingia de bravo, dizendo que sim, que tinha dito. Bernadete insistia que não. Esse tipo de interrogatório irritante durou aproximadamente uma hora e meia. Cansado da luta, o comissário tentou concluir a conversa:

---

[13] René Laurentin. *Bernadete, a santa de Lourdes*. Ed. Paulinas, 2ª ed., p. 68.

– Até agora eu me dignei de escutar as suas parvoíces e de suportar as suas teimosias. Mas a comédia precisa acabar... Você me promete de não voltar mais a Massabielle?

– Senhor, eu lhe disse a verdade e prometi de ir à gruta durante 15 dias!

Irritado, Jacomet apelou para a ameaça:

– Minha filha, você não passa de uma marota! Esperava enganar-me como enganou as boas mulheres do seu quarteirão. Você é muito tola para isso... Vou chamar os guardas, prepare-se para ir para a cadeia!

– Tanto melhor! Custarei menos caro a meu pai, e na prisão os senhores virão ensinar-me o catecismo!

Nessas alturas do interrogatório chegou o pai de Bernadete, que tinha sido avisado sobre o que estava acontecendo com a filha. Entrou e foi dizendo:

– Eu sou o pai dessa menina.

Então, aquelas trocas de palavras cada vez mais ásperas entre Jacomet e Bernadete chegaram ao fim. Mas o comissário fez uma intimação:

– Senhor Soubirous, proíba sua filha de ir à gruta, e tudo ficará resolvido.

E Jacomet decidiu que, daquele dia em diante, um soldado ficaria de guarda na gruta.

E a Senhora não apareceu...

Bernadete tentou obedecer ao pai. Mas debatia-se com um profundo dilema interior. Havia prometido à Senhora que voltaria à gruta durante 15 dias. O que fazer? Durante toda a manhã, manteve firme a vontade de obedecer ao pai. À tarde, porém, uma força irresistível fez com que mudasse de ideia. E ela tomou o caminho para ir à gruta. Ao passar diante do posto de polícia, dois guardas, que já estavam de sobreaviso, postaram-se ao lado dela e a seguiram até a gruta, sem a deter. Bernadete ajoelhou-se e começou a rezar o terço, vigiada de perto pelos guardas. Mas, nesse dia, a jovem Senhora não apareceu. Isto deu motivo para que as más línguas se soltassem:

— A Senhora tem medo dos guardas... Ela não voltará mais.

Bernadete ficou perturbada. Tinha desobedecido ao pai. Percebendo a angústia da menina, seus pais compreenderam que aquele assunto estava acima de seu entendimento:

— Nós não temos o direito de impedi-la!

E retiraram a proibição de ela ir à gruta.

Na manhã seguinte, uma reprimenda humilhante: a madre superiora, ao inspecionar a classe das indigentes, parou em frente de Bernadete e disse:

— Então, acabou a palhaçada!

Sétima aparição

Mas, no dia seguinte, a jovem Senhora apareceu. Nesse dia, 23 de fevereiro, pela primeira vez havia entre os espectadores um grupo de pessoas da alta sociedade. Até então só acorriam à gruta pessoas da "classe baixa", segundo expressão do comissário de polícia. Bernadete estava acompanhada do Dr. Dozous, do advogado Dufo, do capitão Duplessy e do jornalista Estrade. Este último, João Batista Estrade, 37 anos, totalmente descrente dos acontecimentos, havia ido à gruta "somente para acompanhar sua irmã e as amigas dela". Presenciou de perto o êxtase de Bernadete diante da gruta e assim descreveu o que viu:

— De repente, como se um relâmpago a atingisse, ela teve um sobressalto de admiração e pareceu nascer para uma segunda vida. Seus olhos se iluminaram e indefinível graça difundiu-se em toda a sua pessoa. Espontaneamente, nós ali presentes, tiramos o chapéu e nos inclinamos.[14]

O jornalista ficou tocado com o que viu. De tão perturbado, foi embora sozinho, esquecendo-se de que devia acompanhar de volta a sua irmã e as amigas dela. À noite, no Café Français, lugar de encontro da alta sociedade, já não zombava mais de Bernadete e manifestou seu assombro:

– Já vi madame Rachel no teatro de Bordéus. É magnífica. Porém, infinitamente inferior a Bernadete. Não, Bernadete não é uma comediante, ela tem diante de si um ser sobrenatural.

Madame Rachel era uma atriz famosa, a celebridade do momento.

Aos que perguntaram se a Senhora lhe havia dito alguma coisa, Bernadete respondeu que ela lhe havia revelado três segredos.

– Que segredos?, perguntaram cheios de curiosidade.

Mas Bernadete nunca revelou a ninguém esses segredos, porque a Senhora lhe havia dito:

– Proíbo-lhe de dizê-los a qualquer pessoa!

Mas, como costuma acontecer quando se fala de segredos, a curiosidade se aguça e as línguas se soltam. Falava-se que os segredos se referiam a "revelações públicas" ou a "desgraças terríveis"... Mas Bernadete declarou mais tarde diante de uma comissão de inquérito episcopal:

– Esses segredos nada têm de terrível, e só dizem respeito a mim.

---

[14] J. B. Estrade. *Les Apparitions de Lourdes, souvenirs d'um témoin*. Mame, 1899, p. 90-92.

Oitava aparição – Penitência!

No dia 24 de fevereiro havia cerca de quinhentas pessoas na gruta. Coisas aparentemente contraditórias aconteceram durante a visão. Alegria e tristeza, lágrimas e sorrisos alternavam-se em seu rosto. Todos tinham a impressão nítida de que a vidente estava dialogando com alguém. Ajoelhava-se e levantava-se várias vezes. Em um dado momento, voltou-se para o povo que aguardava de joelhos e, em prantos, repetiu pausadamente por três vezes:
– Penitência! Penitência! Penitência!
As pessoas que estavam mais próximas ouviram essas palavras e as repetiram para as que estavam mais longe. Assim, todo o povo ficou ciente.

Mais tarde a vidente explicou que essas palavras ela tinha ouvido da própria Senhora. E, do mesmo modo como havia ouvido, ela as transmitiu ao povo.

Terminada a visão, todos se retiraram em silêncio, vivamente impressionados com as palavras e com a atitude de Bernadete. O convite à penitência havia sido a primeira mensagem destinada a todos. Até então a vidente somente recebia comunicações particulares.

Nona aparição – A fonte da gruta

O dia 25 de fevereiro, uma quinta-feira, era exatamente o meio da quinzena. Bernadete foi bem cedo à gruta, onde lá estavam reunidas umas quinhentas pessoas. E teve a visão pela nona vez. Mas seu comportamento foi estranho e decepcionante para a multidão que assistia. Durante a recitação do terço, de repente ela se arrastou de joelhos até o fundo da gruta, depois voltou e foi em direção ao rio Gave. Mais tarde, ela mesma explicou o que lhe aconteceu naquele dia. *Aqueró* lhe havia dito:

– Vá beber da fonte e lavar-se nela.

Não vendo nenhuma fonte, Bernadete ia em direção ao rio Gave. Mas teve de voltar a pedido da Senhora. A vidente explicou:

– Ela me disse que não era lá. E fez sinal com o dedo, mostrando-me o lugar da fonte, no lado esquerdo da gruta. Fui até lá. Mas não vi nada, a não ser um pouco de água nojenta. Tentei pegá-la com a mão, mas não consegui. Cavei com os dedos e a água veio, mas turva. Por três vezes joguei-a fora. Na quarta vez consegui bebê-la.

Depois, o comportamento da vidente pareceu ainda mais estranho aos olhos dos curiosos. Após ter ido para uma direção e depois para outra, ela voltou-se para o povo, o rosto sujo da água barrenta, dirigiu-se até um barranco onde colheu três punhados de uma erva e começou a mastigá-la. Alguns se puseram a rir, talvez pensando que Bernadete não passava de uma pobre menina doida.

Mais tarde, Bernadete explicou que agiu desse modo porque a Senhora lhe havia dito:

– Vá comer daquela erva que está lá.

Terminada a aparição, as pessoas abandonaram a gruta visivelmente desapontadas. Pelo caminho de volta, o comentário era de que tinham sido enganadas pela menina durante todo aquele tempo das aparições.

Mas ninguém teve a ideia de ir até o local onde Bernadete havia cavado com os dedos. O que estava acontecendo lá deixaria perplexo qualquer um deles. Pois naquele local formou-se uma fonte de água.

Essa fonte é um dos primeiros mistérios ou milagres de Lourdes. De início, não passava de um filete de água suja. Mas rapidamente a água ia aumentando, de minuto em minuto, como conta o jornalista Estrade, uma das principais testemunhas da primeira hora.

E, até hoje, a fonte jorra água abundantemente, produzindo em média 122 mil litros a cada 24 horas ou 5 mil litros por hora. Foi feita captação dessa água para conduzi-la a várias torneiras para uso dos peregrinos. Foram também construídas banheiras, conhecidas como piscinas, onde os peregrinos se banham e onde acontecem curas extraordinárias, como veremos adiante.

A fonte da gruta

Décima aparição

No dia seguinte ao do "milagre da fonte", Bernadete foi bem cedo à gruta, onde acorreram cerca de quinhentas pessoas, atentas aos movimentos da vidente. Ela se ajoelha ao pé do rochedo com a vela na mão e começa a rezar o terço. Mas decepção... Naquele dia a Senhora não apareceu. Por que motivo Bernadete não ficou sabendo. Talvez tenha sido para exercitá-la na prática da penitência, já que a missão confiada a ela pela Senhora foi de anunciar para todos a necessidade da penitência para a conversão dos pecadores.

Mas a Senhora voltou a aparecer no dia 27, um sábado. Uma multidão comprimia-se entre o canal de Savy e a gruta. No meio da multidão estava um espectador importante, Antônio Clarens, Diretor da Escola Superior de Lourdes. Veio para observar como acontecia a visão. Mais tarde ele contou o que viu: muitos sorrisos e cumprimentos, palidez do rosto, conversas com alguém invisível; parecia que a vidente não era mais deste mundo; de vez em quando um pesado ar de tristeza desfigurava o seu rosto, de tal modo que a tornava irreconhecível; durante a visão, a menina levanta-se, ajoelha, beija o chão, inclina-se para beber água barrenta no meio de um tapete de ervas.

Era a vidente fazendo seus exercícios de penitência, em cumprimento ao que a Senhora lhe havia dito:

— Beije a terra em penitência pelos pecadores.

Destas cenas que lhe pareciam esquisitas e sem razão de ser, o Diretor tirou uma conclusão: "Bernadete é uma doente de superexcitação nervosa".[15] Mas um dia ele mudará de opinião.

Décima primeira aparição

No dia 28, por ser domingo, uma multidão de mais de mil pessoas acorre até a gruta e observa, em silêncio e atenciosamente, as atitudes de Bernadete durante o encontro com a Senhora. A vidente beija o chão por diversas vezes e repete os exercícios de penitência dos dias anteriores, com participação até mesmo da numerosa assistência.

Tudo transcorre normalmente e Bernadete vai, depois, assistir à missa cantada na igreja matriz. Ao sair da igreja, porém, uma desagradável surpresa a aguardava. O juiz Rives queria fazer o seu interrogatório, a exemplo do que já haviam feito o procurador Dutour e o comissário Jacomet. O interrogatório foi ter-

---

[15] João José Cavalcante. *As Aparições de Lourdes*. Editora Santuário, 1987, p. 40.

rível para a menina. O juiz ameaçou de prisão se ela continuasse obstinada nas suas idas a Massabielle. Mas a frágil donzela de 14 anos respondeu com intrepidez:

– Estou pronta. Tranque-me na cadeia, e que ela seja bem forte e bem fechada, senão eu fugirei.

O juiz sabia muito bem que não tinha prova suficiente para prender a menina, e nada aconteceu.

E para terminar aquele dia, mais um interrogatório. O Sr. Clarens, que no dia anterior tinha assistido à aparição na gruta, dirigiu-se até o calabouço para uma visita a Bernadete. Tinha como objetivo aconselhar a jovem a abandonar Massabielle, porque estava convencido de que ela era uma doente com superexcitação nervosa. Mas diante da "naturalidade, firmeza, serenidade, objetividade e candura encantadora com que responde às suas questões, o Sr. Clarens deduz, convicto, que Bernadete pode ser tudo, menos uma superexcitada ou cataléptica, revogando, destarte, seu ponto de vista anterior".[16]

Décima segunda aparição

No dia primeiro de março, Bernadete chega à gruta acompanhada de seus pais e atravessa uma multidão de cerca de mil e quinhentas pessoas. Entre os espectadores, pela primeira vez, encontra-se um padre, apesar da proibição do pároco local que não permitia a presença de padres ou freiras na gruta. Mas o padre Antônio Dezirat não era de Lourdes. Ele se coloca a meio metro de distância da vidente para poder observar todos os seus movimentos e reações. E dá este belo testemunho:

---

[16] João José Cavalcante. *Op. cit.*, p. 41.

– Bernadete, debulhando seu terço, mal movia os lábios. Mas, na sua atitude, nos traços do seu semblante, via-se que sua alma estava arrebatada!... O sorriso ultrapassa toda expressão. O artista mais hábil, o ator mais consumado não reproduziria jamais o encanto e a beleza da enlevada... O que me impressionou foi a alegria e a tristeza que pintavam no seu rosto... Eu observava a jovem quando se dirigia à gruta. E o fiz com um cuidado escrupuloso. Que diferença entre o que ela era, então, e o que ela era no momento da aparição! A mesma diferença que vai da matéria ao espírito... Bernadete, ela só, via a aparição, mas todo mundo tinha como que o sentimento da sua presença... Respeito, silêncio, recolhimento reinavam por toda a parte.[17]

Que belo quadro de uma alma em êxtase!

No momento da recitação do terço, a jovem Senhora percebeu que o terço que estava na mão de Bernadete não era aquele que ela sempre trazia nas aparições anteriores. De fato, o terço era de Paulina Sans, uma doente que não podia ir até a gruta. Ela havia pedido à vidente que, por favor, rezasse com o terço dela, e foi atendida. Mas a Senhora disse sorrindo a Bernadete:

– Você se enganou. Esse terço não é o seu.

Então, Bernadete tirou o seu do bolso e o mostrou à Senhora, elevando-o um pouco ao alto. A Senhora lhe disse:

– Sirva-se desse.

E Bernadete assim o fez.

---

[17] René Laurentin. *Lourdes – récit authentique...* p. 153.

A primeira cura milagrosa

Catarina Latapie morava em Loubajac, uma aldeia próxima a Lourdes. Ela havia sofrido uma queda e machucado a mão, que ficou paralisada e deformada. Não podia mais trabalhar. Tinha de sustentar seus três filhos e estava grávida do quarto. Ouviu falar dos acontecimentos de Massabielle e ficou com desejo de ir até lá.

No dia primeiro de março, lá foi ela com os dois filhos menores, um nos braços e outro pela mão. Chega cedo e consegue um lugar na gruta, perto da fonte. Terminada a aparição, mergulha a mão deformada naquela água. Tenta flexionar os dedos deformados e consegue. Eles voltam ao estado normal, para grande alegria de Catarina.

Mas sua alegria é interrompida pelas dores do parto. Toma os dois filhos e depressa caminha os quatro quilômetros até a sua casa. Ao chegar, dá à luz "sozinha e sem dor". Nascia um bebê saudável, que recebeu o nome de João Batista. Mais tarde ele entrará no Seminário e se tornará um sacerdote católico.

Essa foi a primeira cura de Lourdes reconhecida como milagrosa pela Igreja.

Décima terceira aparição – A Senhora faz um pedido

Em 2 de março, uma terça-feira, *Aqueró* fez a Bernadete uma dupla e importante recomendação:

– Vá dizer aos padres que façam construir aqui uma capela e que venham em procissões até aqui.

Terminada a aparição, Bernadete foi até a casa paroquial, acompanhada de suas tias Bernarda e Basília. Iam as três angustiadas e com medo, porque o pároco, padre Peyramale, tinha fama de bravo. Ele era alto e forte, uma figura imponente. Já estava bem inteirado das "aparições" e havia proibido seus vigários e as freiras de "tomarem qualquer parte nos acontecimentos da gruta, mesmo como simples espectadores". Seu bispo, Dom Laurence, de fato lhe havia recomendado de não se interessar pelo que estava acontecendo em Lourdes.

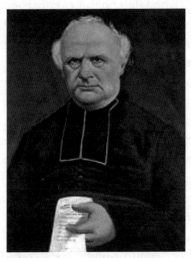

Padre Peyramale

A ira do procurador Dutour e do comissário Jacomet fazia Bernadete sorrir. Mas a santa ira do pároco a impressionava e desorientava. Apresentando-se a ele, com temor e respeito, Bernadete transmitiu o recado da Senhora:

– Senhor padre, a Senhora pede que se vá em procissão até a gruta.

Peyramale não escondeu sua irritação:

– Mentirosa! Então você quer que eu organize uma procissão!...

Depois, voltando-se ao padre Pomian que entrava naquele momento, disse:

– Aqui está essa pequena. É ela quem vai à gruta todos os dias. E vem aqui com mentiras!

E, dirigindo-se para as tias de Bernadete, ordenou:

— Retirem-se. Ponham essa menina na escola e não a deixem mais ir à gruta. E ponto final.[18]

Atrapalhada diante da presença imponente do padre, Bernadete tinha esquecido da primeira parte do pedido: a capela. No caminho de volta, lembrou-se disso e ficou angustiada. E agora, o que fazer? Tinha de voltar à casa paroquial e enfrentar novamente o padre. Uma amiga, Dominiquette Cazenave, dispõe-se a ajudá-la, e tem uma boa ideia: vai antes, sozinha, à casa paroquial para preparar o terreno:

— Padre, a menina da gruta precisa falar-lhe mais uma vez. Por favor, não a deixe com medo! A que horas posso vir com ela aqui?

— Podem vir às 19 horas.

As duas entraram na casa paroquial na hora marcada. Desta vez, o padre Peyramale estava bem mais amigável. Ouve com atenção e paciência o que Bernadete tem a dizer:

— Senhor padre, a Senhora da gruta me encarregou de dizer que ela deseja ter uma capela em Massabielle.

— Quem é essa senhora?

— É uma Senhora muito bonita, toda cercada de luz, que aparece para mim em Massabielle.

— Não estou entendendo nada. Como é que essa senhora apareceu a você?

Então, Bernadete contou toda a historia das aparições. O padre ouviu atentamente. Pareceu convencer-se da sinceridade da menina e chegou mesmo a emocionar-se. Depois perguntou:

— Qual é o nome dessa senhora?

— Não sei.

— Mas você não lhe perguntou?

— Sim, mas quando eu pergunto, ela sorri sem me responder.

— E você quer que eu faça construir uma capela para alguém que nem sequer conhecemos?

---

[18] João José Cavalcante. *Op. cit.*, p. 45.

Décima quarta aparição

No dia 3 de março, Bernadete já estava na gruta às sete horas da manhã, cercada de aproximadamente quatro mil pessoas. Começa a recitação do terço. A vidente, porém, não demonstra nenhum sinal que indique estar em contato com a jovem Senhora. E, de fato, naquela manhã não houve aparição.

O Sr. João Maria Cazenave, dono de uma carruagem de transporte de passageiros puxada por seis possantes cavalos, tirou disso uma reflexão:

– Se Bernadete estivesse inventando, ela fingiria que tinha visto hoje como nos outros dias.

Bernadete vai à escola. Na volta para casa sente uma atração, uma força que interpreta como sendo um chamado. Segue logo até Massabielle. E lá está ela, a jovem Senhora, esperando-a com um sorriso cativante. Bernadete perguntou-lhe por que não havia aparecido de manhã e recebeu a seguinte explicação:

– Você não me viu de manhã porque havia pessoas que desejavam ver qual era a sua atitude na minha presença, e eram indignas disso. Passaram a noite na gruta e a profanaram.[19]

E novamente a Senhora lhe pede que vá dizer ao padre que quer lá a construção de uma capela.

Bernadete dirigiu-se mais uma vez até a casa paroquial e comunicou o pedido ao pároco:

– A jovem Senhora quer a capela.

– Você perguntou-lhe o nome?

– Sim, mas ela apenas sorri.

– É uma bela maneira do zombar de você!

E o padre, então, lança um desafio:

---

[19] Philippe Aziz. *Os Milagres de Lourdes*. Difusão Editorial, 1982, p. 31.

— Pois bem, se ela quer a capela, que diga quem é e faça florir a roseira da gruta.

Décima quinta aparição – O dia da Grande Quinzena

O dia 4 de março, uma quinta-feira, foi o dia da "Grande Quinzena", o dia da décima quinta aparição. Esperava-se muita movimentação de peregrinos em Lourdes, pois havia o comentário de que aconteceria algo de extraordinário por ser o último dia da quinzena de aparições. A cidade acordou em estado de sítio. Muitos policiais foram requisitados e receberam a seguinte ordem: "Todos devem trazer a espingarda e ter uma pistola na cintura. As armas deverão estar carregadas".[20]

Logo bem cedo chegaram os primeiros peregrinos. Aproximadamente 20 mil pessoas estavam em Lourdes, cinco vezes mais do que sua população, de quatro mil habitantes. O aperto era grande. Uns subiam nas árvores, outros nas fendas do rochedo, outros ainda patinavam nas águas do canal. "Nossa campina – conta uma testemunha – estava lotada de pessoas a pé, a cavalo, repleta de charretes e de carros... Um silêncio religioso reinava por todos os lados". Nessa multidão havia pessoas de todos os tipos: aristocratas da cidade e fidalgos provincianos, burgueses, jornalistas, operários e camponeses, jovens e velhos.

Bernadete chegou à gruta um pouco depois das sete horas. Segundo testemunho do comissário, ela estava acompanhada "por quatro tios, duas tias e o pai – este caminhava na frente, ordenando à multidão que abrisse passagem para a filha". Ajoelharam e começaram a rezar o terço. Quando iniciavam a terceira

---

[20] Michel Agnellet. *Op. cit.*, p. 36.

Ave-Maria da segunda dezena, Bernadete entrou em êxtase e teve, então, a sua décima quinta aparição.

O comissário de polícia Jacomet estava lá pela primeira vez. De livrinho de notas em mão, ele anotava as atitudes e reações de Bernadete no intuito de apanhá-la em falta. A prima Joana Védère não tirou os olhos de Bernadete e chegou mesmo a contar 18 sorrisos da vidente.

A multidão acompanhava tudo atentamente. Terminada a aparição, que durou aproximadamente uma hora, Bernadete apagou a vela e tomou o caminho de volta para casa.

Nada de extraordinário aconteceu. Decepção geral para os crentes que esperavam algum milagre ou alguma revelação, ou mesmo a aparição da Senhora para todos. Satisfação para os descrentes, que achavam que as visões não passavam de simples ilusões da menina. No ar ficaram muitas perguntas e uma grande expectativa: seria o fim das aparições?

E *Aqueró* ainda não havia revelado quem era!

Bernadete foi até a casa paroquial e se apresentou de novo ao pároco, que lhe fez algumas perguntas. Ela contou que a Senhora lhe havia sorrido duas vezes: a primeira, quando lhe perguntou quem era ela, e a segunda, quando lhe pediu para fazer florir a roseira. E insistiu:

– A Senhora quer que seja construída a capela.

A jovem Senhora se revela

O dia 25 de março era a festa da Anunciação de Nossa Senhora. Bernadete acordou no meio da noite e sentiu um desejo irresistível de ir à gruta.

– Preciso ir já!

Era uma força estranha que vinha do seu interior e que ela não sabia explicar. Mas era muito cedo e seus pais lhe aconselharam esperar o dia clarear. Às cinco horas da manhã ela se pôs a caminho. E quando os primeiros raios do sol iluminavam o céu sem nuvens, ela entrou em êxtase. Depois de rezar o terço, levantou-se e aproximou-se da jovem Senhora, e fez de novo aquela pergunta:

– Senhora, poderia ter a gentileza de me dizer quem é?

Mas a Senhora, mais uma vez, apenas lhe sorriu.

Ela repetiu a mesma pergunta uma segunda e uma terceira vez, obtendo como resposta apenas um sorriso carinhoso e modesto.

Mas Bernadete tinha a necessidade de saber o nome dela, precisava levar essa notícia ao padre, porque, caso contrário, ele não construiria a capela. Por isso, com mais amor e decisão, insistiu uma quarta vez, suplicando que ela dissesse o seu nome.

Desta vez a Senhora não sorriu. Suas mãos que estavam unidas se afastaram, estendendo-se ao longo do corpo e, depois, novamente se juntaram à altura do peito. A Senhora, então, levantou os olhos ao céu e disse no dialeto patoá:

– *Que soy era immaculada Counceptiou* (Eu sou a Imaculada Conceição).

E desapareceu.

Bernadete retornou a si e, para não esquecer as palavras, repetiu-as várias vezes, sem nada entender. Depois, foi correndo até a casa paroquial para dar a notícia ao padre. Pelo caminho foi repetindo em voz alta as palavras da Senhora.

Vendo-a chegar, o padre Peyramale não conseguiu disfarçar o seu mau humor:

– O que você quer agora, menina?

Sem cumprimentar o pároco, Bernadete foi logo dizendo:

– Eu sou a Imaculada Conceição.

– O que você está dizendo, menina orgulhosa?

– Mas... É a Senhora quem me acabou de dizer essas palavras!

O padre levou um susto e ficou olhando espantado para ela. Depois disse:

– Você está enganada! Uma senhora não pode ter esse nome. Sabe o que isto significa?

– Não, senhor padre.

– Estou vendo que você se engana mais uma vez. Como é que você pode dizer coisas que não compreende?

– É que eu vim repetindo estas palavras pelo caminho, desde a gruta.

O padre Peyramale sentiu uma sensação estranha que lhe apertava o peito. Eram soluços que ele procurava conter.

– A Senhora continua querendo a capela, murmurou Bernadete.

– Está bem... Vou ver o que se pode fazer.

O padre se convence

O padre Peyramale ficou vivamente perturbado com a revelação. "Foi tal o meu abalo que me senti vacilar e quase caí", confessou ele a uma amiga, a Srta. Ribettes.[21] Percebeu que havia uma luz nos acontecimentos da gruta. Fazia quatro anos que o Papa Pio IX havia proclamado o dogma da imaculada conceição de Maria. Então, aquelas palavras reveladas a Bernadete pareciam uma garantia de que a Senhora da gruta era de fato a Virgem Maria.

Entrando em seu quarto, tentou esconder as lágrimas. A razão continuava lutando contra o coração.

– Não tem sentido. A Virgem foi concebida sem pecado, mas ela não é a sua própria conceição!

Estava encabulado com o sentido místico das palavras da Senhora da gruta. A Virgem identificava-se com a sua concei-

---

[21] S. M. D'Erceville. *Op. cit.*, p. 47.

ção, isto é, com sua origem imaculada. Ela dizia ser a própria conceição imaculada. Mas não é assim que dizemos: "Fulano é a própria bondade", quando queremos expressar sua qualidade fundamental? Por que não dizer: "Maria é a própria Conceição Imaculada"? E o padre acaba concluindo:

— Esta menina não pode ter inventado isso.

E, nessa mesma noite, escreveu uma carta ao bispo.

Assim, o padre Peyramale rendeu-se à evidência do sobrenatural. E, de então em diante, passou de descrente e até mesmo de hostil a uma atitude favorável a Bernadete e aos acontecimentos de Massabielle, de tal modo que mais tarde, quando ameaçaram prender Bernadete, ele disse:

— Ela não é doente, como pretendeis... Não causa desordem alguma, não constitui um perigo público. É fraca, é pobre. Mas sabei que ela não está sozinha... Dizei ao Sr. Prefeito que os soldados terão de passar por cima do meu corpo antes de tocarem em um fio de cabelo dessa menina.[22]

Em Lourdes, os intelectuais também ficaram encabulados, como o padre. E procuraram corrigir Bernadete:

— Você ouviu mal. Ela não deve ter dito isto. Deve ter dito assim: "Sou a Virgem imaculada" ou "A Virgem da imaculada conceição". Procure lembrar-se direito.

A vidente, porém, insistia que era aquilo mesmo que tinha ouvido.

Bernadete de fato não compreendia o que significavam aquelas palavras que a Senhora lhe havia dito. E o padre não lhe explicou. Ainda continuava não sabendo quem era *Aqueró*. O jornalista Estrade veio a socorro do embaraço da menina:

— Você sabe muito bem, Bernadete: Maria concebida sem pecado...

---

[22] S. M. D'Erceville. *Op. cit.*, p. 67.

Sim, Bernadete conhecia aquela invocação que era rezada nas orações da noite, no calabouço: "Oh! Maria concebida sem pecado, rogai por nós que recorremos a vós". Então, conseguiu perceber a ligação entre as duas coisas: Maria Concebida sem pecado e... Imaculada Conceição. Portanto, era de fato a Virgem Maria que lhe aparecia!

Com essa descoberta, a menina sentiu uma alegria imensa invadir-lhe a alma.

– Foi então que eu percebi que a bela Senhora da gruta era a Imaculada Virgem Maria. Ela era a Mãe de Deus e tinha vindo do céu para compartilhar a sua alma comigo!

E começou a entender outras coisas: Por que é que, repentinamente, teve a inspiração de rezar o terço na primeira aparição e por que a bela Senhora não mexia os lábios durante a recitação das Ave-Marias. Pois ela não podia saudar-se a si mesma.

Uma coisa, porém, Bernadete ainda não estava preparada para compreender: o significado daquelas duas rajadas de vento que tinha ouvido antes da aparição da jovem vestida de branco. Ela não conhecia os Atos dos Apóstolos nem as rajadas de vento de Pentecostes. Não sabia que, desde então, Pentecostes se renova através dos tempos sob muitas formas. Não suspeitava que aquele dia era o dia do seu Pentecostes.

A chama da vela que não queima

No dia 6 de abril, Bernadete sentiu-se novamente pressionada para voltar à gruta. Era uma força estranha e agradável à qual não conseguia resistir. Como já havia passado das 15 horas, foi encontrar-se com o padre Pomian. Algumas pessoas que a viram logo se apressaram para espalhar o boato. A cidade ficou na expectativa de algum acontecimento.

No dia seguinte, terça-feira da Páscoa, antes de o sol nascer, ela já se encontrava na gruta, acompanhada por cerca de mil pessoas. Iniciou a reza do terço e, nas primeiras Ave-Marias da primeira dezena, entrou em êxtase. O Dr. Dozous surgiu no meio da multidão pedindo passagem, pois queria estar ao lado da vidente para presenciar suas reações.

Nesse dia, Bernadete trazia uma grande vela que segurava com a mão direita e a apoiava no chão. Tinha sido ofertada por uma pessoa que havia alcançado uma graça. Com sua mão esquerda semifechada em forma de concha, tentava proteger a chama da corrente de ar, para que não se apagasse. Mas, devido ao estado de êxtase durante a visão, não posicionou corretamente a mão, de modo que a chama da vela passava por entre os seus dedos.

– Ela vai se queimar!, gritou alguém.
– Pode deixar!, tranqüilizou o Dr. Dozous.

Ele não acreditava naquilo que seus olhos viam: os sorrisos de Bernadete, a sua fisionomia séria em alguns momentos e a chama da vela que passava por entre seus dedos sem queimá-los, sem provocar dor.

Terminado o êxtase, o doutor examinou cuidadosamente as mãos da vidente e não encontrou o menor sinal de queimadura.

– Não há nada!, exclamou ele.
– Nada!, repetiram as pessoas que estavam ao seu redor.

Visivelmente abalado, o Dr. Dozous disse:

– Agora creio que você vê alguma coisa. Mas não sei o que você vê.

E, de então em diante, o doutor não mais zombava das aparições nas reuniões com seus amigos no seleto Café Français.

A Primeira Eucaristia

Chegava o grande dia tão almejado por Bernadete, o dia de sua Primeira Comunhão. Tinha-se esforçado muito para aprender o catecismo, mas o seu conteúdo custava entrar-lhe na cabeça. Julie Garros atestou, por ocasião da instrução da beatificação de Bernadete, que ao fazer a Primeira Comunhão ela sabia de cor apenas o *Pai-nosso*, a *Ave-Maria*, o *Creio em Deus Pai* e as respostas às duas primeiras perguntas do catecismo: "Quem vos criou e colocou no mundo? Para que Deus vos criou?"[23] Uma vez, quando sua enfermeira a censurou por não saber o catecismo, ela disse:

— Sim, eu não sei muito, mas sei como rezar meu rosário e amar a Deus com todo o coração.

Sua Primeira Comunhão aconteceu no dia 3 de junho, na capela do Hospital de Lourdes. O que foi para ela aquele primeiro encontro com Jesus Eucarístico, ninguém pode descrever. Somente ela, alma profundamente religiosa, poderia dizer. Emanuelita Estrade perguntou-lhe:

— O que fez você mais feliz: a Primeira Comunhão ou as aparições?

— Não sei, são duas coisas que se tocam e não podem ser comparadas. O que sei é que me sinto muito feliz em ambas as circunstâncias.

Após a Primeira Comunhão, Bernadete abandonou as aulas. Ela precisava ficar em casa para ajudar sua mãe. Mas, principalmente, tinha de atender às inúmeras visitas de peregrinos que vinham de longe procurar informações e mais informações sobre o "caso de Lourdes".

---

[23] S. M. D'Erceville. *Op. cit.*, p. 64.

A bela Senhora se despede

No dia 16 de julho, festa de Nossa Senhora do Carmo, passados mais de três meses após a última aparição, Bernadete sentiu novamente aquele apelo sobrenatural e irresistível. Esperou pelo entardecer e foi até a gruta acompanhada de sua tia Lucila Castérot. Estava disfarçada com um capuz emprestado, e as duas seguiram por um caminho diferente para que ninguém percebesse. A gruta estava interditada com uma cerca de tábuas, pois uma portaria municipal de 8 de junho havia ordenado que ela fosse fechada ao público. Junto à cerca, do outro lado da torrente do rio Gave, encontravam-se algumas pessoas que rezavam de joelhos. Bernadete ajoelhou-se também e acendeu sua vela.

Tinha apenas começado o terço, quando suas mãos se afastaram numa saudação de alegria e de surpresa. A bela Senhora estava lá. Ou melhor, a Virgem Maria estava lá, pois agora ela sabia quem ela era. A face da vidente iluminou-se e adquiriu uma indescritível formosura. Terminada a visão, podia-se perceber a felicidade que brotava de seu íntimo, a alegria de mais uma vez ter-se encontrado com a Senhora. Bernadete dirá depois:

– Nunca a tinha visto tão bela!

Esta foi a última vez que Bernadete a viu nesta terra. Aconteceu como se fosse uma visita de despedida. A bela Senhora, sempre bondosa, cheia de carinho e atenção, desceu mais uma vez para o derradeiro adeus à sua amiga. Não pronunciou nenhuma palavra, como na primeira aparição, mas certamente seu sorriso, seu olhar e suas saudações significaram muito para Bernadete.

Os começos do Santuário de Lourdes

Durante todo o tempo das aparições não foi cometido nenhum delito no distrito, apesar da grande movimentação de gente. Os frutos espirituais foram abundantes. Os confessionários da igreja foram assediados pelos fiéis, de tal modo que os padres se sentiam exaustos à noite.

Depois da última aparição, verdadeiras multidões dirigiam-se à gruta, apesar da proibição baixada pelas autoridades e apesar da cerca de tábuas colocada lá para ninguém se aproximar. Nessas alturas dos acontecimentos, Massabielle já era o embrião do grande santuário de Lourdes. Algumas curas consideradas extraordinárias já haviam acontecido. A água da fonte já era considerada milagrosa, e os peregrinos começavam a vir de longe para fazer suas preces à Senhora.

As autoridades civis estavam aturdidas com tanto movimento. Na tentativa de acabar com o problema, imaginaram uma estratégia: pediram que três médicos examinassem Bernadete, recomendando que a declarassem anormal, para poder interná-la. Mas, ao examiná-la, os três ficaram embaraçados, pois perceberam que Bernadete possuía um indubitável bom senso e nada de loucura. Por isso, resolveram safar-se com uma conclusão que não dizia nem sim nem não:

– A doença que acreditamos poder atribuir a Bernadete não traz risco para sua saúde.

As autoridades então perceberam que era tarde demais para se opor aos fatos de Lourdes. As circunstâncias já estavam tomando outros rumos. O pároco, padre Payramale, depois das últimas palavras ditas pela Senhora, ficara impressionado e pensativo. O bispo de Tarbes, de início muito cauteloso e até do contra, já mostrava sinais de apoio aos acontecimentos. O clero, de início também hesitante, irá tomar uma decisão muito importante. O Dr. Dozous começou a registrar as primeiras curas milagrosas. Os fiéis que iam rezar na gruta deixavam lá suas esmolas que, depois, eram recolhidas pela Guarda Campestre e colocadas na caixa do Instituto de Beneficência de Lourdes.

O prefeito de Lourdes mandou analisar e reanalisar a água da fonte. Os resultados confirmaram: a água da fonte da gruta era uma água comum e não se distinguia em nada das águas das outras fontes dos arredores de Lourdes.

Em meio a essas novas circunstâncias, as autoridades tiveram de se acomodar. O próprio comissário Jacomet por fim admitiu:

– Nossa oposição a Bernadete foi em vão. Ela teve a Virgem Imaculada a seu lado.

A comissão dos bispos e suas conclusões

No dia 28 de julho de 1858, doze dias após o fim das aparições, o bispo de Tarbes, D. Laurence, a cujo bispado Lourdes pertencia, tomou uma decisão muito importante: criou uma Comissão para "verificar a autenticidade e a natureza dos fatos que aconteceram há aproximadamente seis meses, por ocasião de uma aparição, verdadeira ou não, da Santíssima Virgem em uma gruta situada a oeste da cidade de Lourdes".

A Comissão deveria apresentar somente fatos baseados em provas sólidas. Um item importante dizia: "Recomendamos com insistência que a Comissão convide com frequência, nas suas reuniões, homens versados nas ciências da medicina, da física, da química, da geologia etc., a fim de os ouvir sobre os problemas que dizem respeito à sua área... A Comissão não deve descuidar de nada para se rodear de luzes e chegar à verdade, qualquer que ela seja".

Três anos e meio mais tarde, no dia 18 de janeiro de 1862, saiu o julgamento da Comissão sobre o caso das aparições, com o título: "Instrução com julgamento sobre a aparição que aconteceu na gruta de Lourdes". Suas conclusões são as seguintes:

Nós julgamos que a Imaculada Maria, Mãe de Deus, apareceu realmente a Bernadete Soubirous, no dia 11 de fevereiro de 1858 e nos dias seguintes, no total de 18 vezes, na Gruta de Massabielle, próximo da cidade de Lourdes; que essa aparição possui todas as características da verdade, e que os fiéis têm fundamento para crer.

Nós autorizamos em nossa diocese o culto de Nossa Senhora da Gruta de Lourdes...

Para atender à vontade da Virgem Santa expressa nas aparições, nós nos propomos construir um santuário sobre o terreno da Gruta, que se tornou propriedade dos bispos de Tarbes...

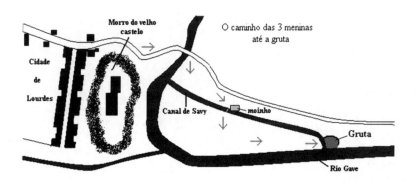

2

O PROCESSO DE RECONHECIMENTO DA CURA

As procissões e as capelas

Deve-se notar que nas aparições a Bernadete a bela Senhora não prometeu curar os doentes. Ela somente pediu que se construísse uma *capela* e que os fiéis *viessem em procissão*.

As procissões dos fiéis chegaram antes da capela. Já vimos que, no último dia da quinzena das aparições, havia em Lourdes 20 mil pessoas, cinco vezes mais do que os habitantes da cidade. Daí em diante, as procissões dos peregrinos e visitantes não cessaram mais. Só para se ter uma ideia, durante o ano de 1872, estiveram em Lourdes sessenta mil peregrinos; um milhão em 1908; mais de três milhões em 1970; mais de quatro milhões em 1978. E atualmente visitam Lourdes mais de cinco milhões de peregrinos por ano.

O pedido de construir uma capela foi também amplamente atendido. Primeiramente, a própria gruta de Massabielle serviu como capela. Lá no nicho onde a bela Senhora aparecia, foi colocada uma imagem de Nossa Senhora de Lourdes, feita pelo famoso escultor Joseph Fabrisch, com a orientação da própria Bernadete, que mandava corrigir este ou aquele detalhe. Depois, construíram uma igreja em cima da gruta, cravada na própria rocha de Massabielle. Essa igreja ficou conhecida como Cripta, e foi inaugurada em maio de 1866 na presença de 20 mil pessoas. Bernadete ainda estava em Lourdes e foi a única igreja que ela viu construída no local das aparições.

Com o passar do tempo, foram edificadas mais três igrejas, depois consagradas como basílicas. Por sobre a Cripta e formando um só monumento com ela, foi inaugurada em 1872 a

Basílica de Nossa Senhora da Imaculada Conceição, também conhecida como "Basílica Superior". Em 1889, foi inaugurada a Basílica do Rosário ou "Basílica Inferior". E em 1958 foi inaugurada pelo cardeal Roncalli – depois papa João XXIII – a Basílica de São Pio X, também conhecida como "Basílica Subterrânea".

Toda a área que circunda a gruta de Massabielle foi adquirida pelos bispos de Tarbes e Lourdes pouco tempo depois das aparições. Essa área é conhecida como "Domínio da Gruta" e ficou sendo um lugar propício e aconchegante para o acolhimento aos peregrinos.

E foi nesse lugar que as curas consideradas milagrosas começaram a acontecer muito cedo. O próprio Dr. Dozous chegou a registrar uma centena delas no mesmo ano das aparições. Por isso, o "caso da gruta" espalhou-se rapidamente pelo mundo. Aquele minúsculo fio de água, que começou a correr estranhamente entre os dedos de Bernadete e que foi crescendo dia a dia, tornou-se um centro de atração para muitos, alguns apenas curiosos, outros com a esperança de serem curados de suas doenças.

Essa grande movimentação de cegos, surdos, mudos, paralíticos, tuberculosos, cancerosos etc. atraiu a atenção do clero e das autoridades médicas que se preocuparam, desde o princípio, em procurar distinguir as curas autênticas das falsas.

A Comissão Médica de Lourdes

Em maio de 1866, aconteceu um fato que iria modificar a história de Lourdes. Até então, a gruta das aparições estava ligada à paróquia, administrada pelo pároco e seus vigários. As autoridades eclesiásticas resolveram, então, entregar a gruta e as suas ainda modestas instalações aos missionários diocesanos, conhecidos como missionários de Garaison, porque tomavam conta do santuário de Nossa Senhora de Garaison, na mesma diocese. Eles tinham experiência em administração de santuário e seriam, de então em diante, os capelães da Cripta e responsáveis pelas obras da gruta.

Os missionários logo perceberam que o controle das curas era ainda deficiente. Por isso, abriram registros em que se anotavam os fatos mais importantes: visitas de pessoas notáveis, peregrinações vindas de diversas partes, curas testemunhadas pelos peregrinos etc. E, a partir de abril de 1868, começaram a publicar os *Annales de Notre--Dame de Lourdes*, nos quais se anotavam também as curas ocorridas.

Com o apoio dos missionários, alguns médicos resolveram criar, em 1884, sob o comando do Dr. Saint-Maclou, uma Comissão de Verificações Médicas (a atual Comissão Médica de Lourdes), uma clínica extraordinária e única no seu gênero.

Instalada inicialmente em uma barraquinha de tábuas, próxima da piscina improvisada, a Comissão tornou-se aos poucos um maravilhoso e sério "observatório" científico, onde são registrados e estudados minuciosamente todos os fenômenos de curas extraordinárias ligadas aos acontecimentos de Lourdes.

Desde o princípio, a Comissão de Verificações foi uma clínica totalmente aberta para os médicos que acompanhavam as peregrinações ou que passavam por Lourdes. Para atuar na Comissão, o médico não precisava ser católico, podia ser de qualquer religião ou até mesmo ateu. E assim continua até hoje. Em 1973, o presidente da Comissão Médica escreveu: "Mesmo que o médico não seja católico, a partir do momento em que atravessa o limiar do Domínio da Gruta e comprova sua qualidade de médico na Comissão Médica, ele é membro dessa Comissão Médica. Seja israelita, protestante, ateu, russo ou americano, pode, com seus colegas católicos, examinar os doentes apresentados em caso de cura e dar seu parecer".[1]

---

[1] Roger Pilon. *Le role du médecin de pèlerinage à Lourdes, Recherches sur Lourdes hier et aujourd'hui*, n. 44, outubro de 1973, p. 190.

O trabalho médico em Lourdes é financeiramente autônomo. A Comissão Médica é dirigida por médicos e mantida por médicos. Um dos seus presidentes, o Dr. Leuret, tira disso uma conclusão: "Assim, nunca se poderá dizer que nosso trabalho está sob a influência eclesiástica ou serve para fins de propaganda".

Além da Comissão Médica, existe em Lourdes uma organização fantástica. Durante o período das peregrinações, perambula por toda a cidade um exército de mais de dois mil padioleiros – pessoas que carregam os doentes em padiolas ou macas – e de enfermeiros. A historiadora Ruth Cranston viu de perto esse exército de voluntários durante a peregrinação do Rosário e comenta:

> O serviço desses trabalhadores voluntários é generoso e incansável. Sobem e descem longas escadas, carregam comadres, sentam-se ao lado de crianças idiotas, cujos gritos guturais não cessam. Trocam ataduras fétidas, banham feridas malcheirosas. Não é a profissão deles – não são pagos para isso. Fazem isto não somente de bom humor e com alegria, mas felizes. Por quê? Eles empurram os carrinhos dos inválidos para a gruta e para o hospital, ida e volta, vinte vezes por dia. Todos sorrindo, pilheriando, rindo, encorajando. E rezando constantemente – nos banhos, carregando os pacientes, vestindo-os e despindo-os, ao lavá-los ou ao alimentá-los, na estação, na procissão, em toda a parte.[2]

Como funciona a verificação médica da cura

Quando acontece uma cura considerada extraordinária, o caso toma um rumo bem definido:

---

[2] Ruth Cranston. *O Milagre de Lourdes*. Ed. Melhoramentos, 1955, p. 78.

• O doente curado é apresentado à Comissão Médica de Lourdes, onde é examinado por diversos médicos. É aberto, então, um dossiê referente ao caso. Os médicos vão determinar dois pontos importantes:

– se a cura aconteceu de fato;
– se a cura é inexplicável pela ciência médica.

Se o caso não passar por essa primeira triagem, o dossiê é arquivado. Se passar, o processo continua e a pessoa curada deve retornar à Comissão Médica de Lourdes após um ano, para novos exames e confirmação da cura.

• Se pelo menos dois terços dos médicos da Comissão Médica julgarem que a cura de fato aconteceu e que não é explicável pela ciência médica, o dossiê é enviado para a instância médica superior, o Comitê Médico Internacional de Lourdes.

Esse Comitê teve origem em 1947, com o nome de Comissão Médica Nacional, composta por 20 médicos franceses. Em 1954 foi transformada no Comitê Médico Internacional de Lourdes (CMIL), porque passou a ser composta por médicos de diferentes nacionalidades e de diversas modalidades da medicina. Seus membros reúnem-se uma vez por ano em Paris, sob a presidência do bispo de Tarbes e Lourdes.

Munidos, então, do relatório da Comissão Médica de Lourdes, os médicos do CMIL fazem um novo exame completo do caso de cura, agora em nível internacional. Esse novo exame costuma durar por vários anos. Terminado o estudo, é feita a votação na reunião anual da CMIL, em Paris.

• Se pelo menos dois terços dos médicos da CMIL são de opinião que a cura é de fato inexplicável pela ciência médica conhecida até então, o dossiê é encaminhado para o bispo da diocese à qual pertence a pessoa curada. O bispo organiza, então, a Comissão Canônica, composta por alguns médicos. E cabe ao bispo, depois de ouvir o parecer dessa Comissão, proclamar ou não o caráter miraculoso da cura.[3]

É importante perceber esta distinção entre o trabalho dos médicos das Comissões e o papel da Igreja:

– cabe aos médicos dizer se a cura aconteceu de fato e se é inexplicável pela ciência médica conhecida; não lhes cabe dizer se há milagre ou não;

– cabe à Igreja dizer se a cura foi miraculosa ou não.

À medicina cabe o julgamento médico. À Igreja, o julgamento teológico e a sentença canônica. Mas, observe-se bem, a sentença canônica sobre a cura milagrosa é emitida pelo bispo da diocese onde mora o miraculado, não pelo Papa nem tampouco pelo bispo da diocese de Tarbes e Lourdes.

Para sentir o rigor com que os médicos das Comissões Médicas examinam os casos de curas extraordinárias, basta dizerem que desde a época das aparições (1858) até o final do século XX passaram pelas Comissões 6.772 pessoas que se disseram curadas. Deste total, somente 2.000 foram consideradas como curas não explicáveis pela ciência. Mais de 4.000 foram descartadas.[4]

E das 2.000 consideradas inexplicáveis, a Igreja declarou como milagrosas somente 67, até o dia de hoje. A Igreja parece ser bem mais rigorosa que os médicos para proclamar uma cura como milagrosa.

---

[3] Cf. Yves Chiron. *Os Milagres de Lourdes*. Ed. Loyola, 2002, cap. 4.
[4] Cf. Yves Chiron. *Op. cit.*, p. 72.

A prudência da Igreja frente aos milagres

Na questão de milagres, a Igreja é muito prudente. Não se deve gritar "Milagre!" por qualquer coisa que aconteça de extraordinário. O Papa Pio X deu prova de prudência ao escrever: "A palavra *milagre* não deve ser pronunciada irrefletidamente, pois vivemos numa época em que, mais que nunca, se pode evocar a sugestão". Ele estabeleceu um critério que se tornou clássico no processo de reconhecimento médico das curas: a distinção entre doenças *orgânicas* e doenças *nervosas*. Somente em relação às doenças orgânicas, como câncer, mal de Parkinson, tuberculose etc., é que se pode falar em milagre.[5]

Por isso a Igreja, ao estudar as curas que se apresentam como extraordinárias, rejeita sistematicamente aquelas de origem nervosa ou mental, porque esses casos são difíceis de se comprovar. As Comissões Médicas de Lourdes seguem o mesmo critério: quando os médicos percebem que se trata de doença nervosa ou mental, eles encerram o caso e arquivam o dossiê.

O Papa Pio X afirma que os milagres são "argumentos externos da revelação". Não é possível alguém ser cristão católico e negar a possibilidade dos milagres. O Concílio Vaticano I (1870), em sua constituição *Dei Filius*, condena com anátema quem diz que o milagre é impossível de acontecer.

Mas, por outro lado, o católico não é obrigado a acreditar neste ou naquele acontecimento tido como milagroso, mesmo que a Igreja o declare como tal. O teólogo alemão Waldenfels afirma que "mesmo quando hoje se fala de milagres no sentido de curas sensíveis cientificamente inexplicáveis, indicando a onipotência de Deus, como é o caso de Lourdes e de Fátima, a Igre-

---

[5] Cf. Yves Chiron. *Op. cit.*, p. 86.

ja não força ninguém a tomá-las explicitamente em consideração e a fazer delas uma via obrigatória de acesso à fé".[6]

Muito sábia é a frase que Bernadete sempre dizia quando contava a história das aparições aos peregrinos. Ela terminava a sua narrativa dizendo:

– Eis o que vi e o que sei. Se não acreditarem em mim, o que poderei fazer?

Critérios para se julgar uma cura

Já no século XVIII, em 1734, o cardeal Lambertini – depois Papa Bento XIV – escreveu um tratado sobre a beatificação e canonização dos santos, no qual trata dos milagres. Nele o cardeal define sete critérios para se considerar legítima uma cura milagrosa.[7] Desses critérios, três são os mais importantes e decisivos:

– que a cura seja rápida e instantânea.
– que não haja período de convalescença.
– que a cura seja duradoura (que a doença curada não volte).

Esses critérios ficaram famosos e até hoje são levados em consideração pelos médicos das Comissões Médicas quando julgam uma cura apresentada como extraordinária. São utilizados também pela Igreja para declarar se uma cura é ou não milagrosa.

---

[6] Citado por Jean-Paul Durand, O.P. *Que doit-on entendre par miracle?*
[7] Bento XIV. *De servorum Dei beatificatione et beatorum canonizatione.* Liv. IV, cap. VIII, n. 2.

- *Instantaneidade da cura*

Sem dúvida, esta é a principal característica pela qual se identifica uma cura milagrosa. Uma doença grave sendo curada num instante é um grande choque para os médicos, pois contraria todas as leis e todos os processos que eles aprenderam na escola de medicina. O Dr. Guinier, que trabalhou durante quatro anos na Comissão Médica de Lourdes fazendo um estudo profundo dos casos de cura, termina com o seguinte raciocínio:

> As leis da biologia que estudamos ensinam-nos que todo o trabalho de recuperação orgânica, para ser perfeito, requer tempo e lentidão. E aqui de uma só vez estas leis são anuladas. O que devia necessitar de um mês de muitos cuidados – e assim mesmo sem a certeza de sucesso – ocorre instantânea, perfeita e permanentemente, sem nenhuma intervenção aparente de qualquer espécie. Micróbios são eliminados, carcinomas desaparecem, bacilos de tuberculose não mais existem, ossos gangrenosos são reorganizados, nervos desunidos são ligados, feridas são cicatrizadas. Às vezes isto se dá em poucos segundos, às vezes em poucas horas, mas tão rapidamente que se pode dizer que o fator tempo desapareceu, consequentemente a cura deu-se contrariando as leis da biologia.[8]

- *A ausência de convalescença*

Esta é uma consequência da instantaneidade da cura. A recuperação natural de uma doença é progressiva, vagarosa, durando semanas e meses, e requer muitas vezes tratamentos e cuidados

---

[8] Citado por Ruth Cranston. *Op. cit.*, p. 100.

especiais. Mas os que são curados em Lourdes não passam por esse período de convalescença. A instantaneidade parece cortar o mal pela raiz e todas as funções orgânicas – digestão, respiração, circulação etc. – voltam rapidamente a funcionar normalmente.

- *Cura duradoura*

Isto é, a doença não deve voltar após a cura. É por isso que a Comissão Médica de Lourdes exige que o doente retorne depois de um ano para ser reexaminado, justamente para verificar se a cura permanece.

Mas, afinal, o que é um milagre?

Há curas que o público chama de milagrosas – que podem ser ou não. Há curas que os médicos chamam de inexplicáveis pela ciência – podem ser milagrosas ou não. Há curas que a Igreja proclama como milagrosas – são milagrosas para os seus fiéis.

Santo Tomás de Aquino define como milagres aquelas coisas que são feitas pela ação divina, em violação às leis comumente observadas na natureza. Significa, portanto, uma suspensão ou modificação sobrenatural dessas leis. Essa definição implica na crença da existência do sobrenatural.

E é nesse sentido que dizemos, com toda a certeza, *para os que creem*:

– *Curas milagrosas de fato acontecem em Lourdes.*

E, para prová-las, passamos em seguida a contar as histórias de algumas dessas curas atribuídas à bela Senhora de Bernadete.

3
AS CURAS EXTRAORDINÁRIAS

"Se você voltar curado, então eu acreditarei"

Curiosamente um médico sem religião foi o primeiro homem da ciência a observar e, depois, a vigiar Bernadete Soubirous, quando ela caía em êxtase diante da gruta. Desde as primeiras aparições, o Dr. Dozous estava lá, colocava-se um pouco à parte e, quando a vidente entrava em êxtase, abria caminho entre a multidão. Relógio na mão, ele se aproximava silenciosamente da menina e segurava o seu punho para contar as pulsações. Depois, anotava tudo cuidadosamente em um caderno.

O Dr. Dozous confessou que não tinha dúvida de que Bernadete "via" alguma coisa. Ele a considerava, então, como uma "iluminada", uma espécie de vidente mística que fabricava ela própria, inconscientemente, a aparição da "bela Senhora".

Mas quando alguém veio, um dia, falar-lhe das "curas" milagrosas obtidas pela água da fonte da gruta, o homem enfezou-se. Se havia uma coisa que o tirava do sério, era ouvir falar dessas "curas". A água de Massabielle, ele sabia, não era nada diferente das águas que corriam por toda a parte, no vale de Lourdes. E sabia também que essa água não tinha em si nenhum poder terapêutico.

Por muito tempo, o doutor continuou sem acreditar nos fatos da gruta de Massabielle e no poder da água da fonte. Ele tinha um espírito científico rigoroso e queria antes de tudo pesquisar a fundo todas as coisas, pois pensava que tudo podia ser explicado pela ciência. Quando algum fato parecia misterioso e difícil de explicar, mais rigoroso ele se tornava nas suas minuciosas pesquisas.

Pois bem, no ano de 1858, o mesmo ano das aparições, o Dr. Dozous tinha entre seus pacientes um homem que havia trabalhado em uma pedreira. Chamava-se Luís Bouriette. Vinte anos antes ele tinha sido vítima de um acidente: não teve tempo de correr para o abrigo, depois de acender o cordão de detonação das bombas que arrebentavam as pedras. A explosão atingiu em cheio seu rosto. Cacos de pedra voaram em todas as direções e um deles encravou-se em seu olho direito. Fazia vinte anos, portanto, que a órbita de seu olho era uma chaga sanguinolenta. Desde o começo, o doutor falou claro com ele:

– Meu pobre Luís, a medicina não pode fazer nada para lhe restituir a visão desse olho. Fique feliz por ter o outro olho bom e não estar completamente cego.

Um dia, Luís ouviu falar da fonte da gruta de Massabielle. Diziam que estavam acontecendo coisas misteriosas com a água dessa fonte. E ele contou ao Dr. Dozous:

– Doutor, dizem que a água da fonte da menina Bernadete está curando. E se eu tentasse...

Dozous estremeceu. Era demais! Um de seus pacientes, a quem ele havia repetido muitas vezes que era incurável, vinha agora, em seu próprio consultório, dizer tamanha asneira! Aborrecido, quase gritando, disse ao cego:

– Ouça-me bem, Luís. Você é livre de ir ou não à gruta de Bernadete. Mas se você voltar de lá curado, então eu acreditarei...

Luís ficou na dúvida se devia ir ou não à gruta. Resolveu ir. Mais tarde, ele confessou que foi sem ter muita fé:

– Fui mais por curiosidade. Mas, no fundo de mim mesmo, talvez houvesse um pouco de esperança.

Chegando à gruta, Luís pegou um pouco daquela água da fonte que ainda era suja e barrenta. Esperou que a sujeira se decantasse e, depois, molhou o seu olho cego. Levantou-se e, fechando com a mão o olho bom, tentou, por curiosidade, olhar ao seu redor. O que aconteceu, então, pareceu-lhe totalmente incrível. Balbuciou algumas palavras de espanto e repetiu várias vezes a experiência. Finalmente, convenceu-se de que estava vendo. Em um instante ele havia recuperado a vista daquele olho, depois de vinte anos de cegueira total.[1]

Tomado de forte emoção, saiu correndo, sem se lembrar de agradecer à Santa Virgem. Foi direto para a casa do Dr. Dozous.

– Doutor, doutor, curado, estou curado!

Dozous, que já se tinha esquecido daquilo que Luís lhe havia dito de ir à fonte de Massabielle, respondeu calmamente:

– É impossível, meu caro Luís. O remédio que eu lhe dou não pode curar seu olho. São apenas gotas para suavizar a dor e evitar que a infecção passe para o outro olho. Você sabe muito bem que é incurável!

– Mas não foi o senhor quem me curou. Foi a água da gruta!

O doutor, então, disse-lhe com ironia:

– Ah! Quer dizer então que você está curado! Você vai ver já se está curado!

Tomando um cartão, o doutor escreveu esta frase que ficou famosa: *"Bouriette tem uma cegueira incurável. Ele não pode ver, ele não verá jamais".* Em seguida, tapando com a mão o olho bom de Luís, disse:

– Já que você está curado do seu olho, faça um esforço para decifrar o que eu escrevi.

Bouriette leu sem nenhuma dificuldade.

O doutor estremeceu. Na narrativa que fez desse episódio, ele escreveu: "Se um raio tivesse caído a meus pés, eu não ficaria tão assustado!".

---

[1] Philippe Aziz dá outra versão: diz que Buriette não foi até a gruta, mas pediu para sua filha trazer uma garrafa de água da fonte da gruta, com a qual banhou o olho cego.

Desde esse dia, o Dr. Dozous reconheceu honestamente que havia feito pouco caso de Bernadete e da fonte da gruta. Lembrou-se da promessa que havia feito a Luís: "Se você voltar de lá curado, então eu acreditarei!". Decidiu consagrar-se, de então em diante, à observação dos fenômenos de Lourdes. Mais tarde ele fez uma declaração: "As curas de que tantas vezes fui testemunha ocular lançaram em meu espírito uma luz que não me permitiu menosprezar a importância de Bernadete na gruta de Massabielle e a realidade das aparições com que foi favorecida".[2]

A cura de Luís Bouriette foi declarada milagrosa pela Igreja.

A cura do menino Luís Justino

Alguns dias depois, o próprio Dr. Dozous irá assistir a outra cura extraordinária historicamente autêntica e comprovada.

Luís Justino era um menino de dezoito meses, nascido em Lourdes. Desde o nascimento permanecia imobilizado no leito por causa de uma doença impiedosa. Padecia de "osteomalacia", como se dizia naquele tempo, uma síndrome de fragilidade dos ossos. O Dr. Dozous, em uma nota sobre o caso, afirmou que o diagnóstico ficava entre meningite e poliomielite.

O menino estava magro de fazer dó, pálido como um cadáver, respirando com dificuldade. Os médicos que se debruçavam sobre seu leito estavam certos de que ele não sobreviveria e diziam isto claramente à sua mãe, a senhora Croizine, de 38 anos. Esta, por sua vez, relutava em esperar contra toda a esperança, redobrando seus cuidados e sua atenção para com o filho, sempre sujeito a febres altas e a um passo da morte. Seu marido já havia perdido a esperança e sempre repetia:

---

[2] D'Erceville. *Op. cit.*, p. 118.

— Pobre mulher, você não vê que está perdendo seu tempo? Os médicos estão sempre dizendo... É uma questão de horas.

Certa manhã, de fato, a senhora Croizine encontrou o menino totalmente rígido. Os vizinhos foram alertados. Uma senhora trouxe até as roupas necessárias para o sepultamento. Mas a mãe ainda tinha um fio de esperança e disse:

— Esperem, pelo menos, que ele esteja totalmente frio antes de enterrá-lo.

Então, não se sabe se por desespero ou se por um toque divino, ela tirou o menino do berço, enrolou-o em um avental de cozinha e correu para fora.

— Para onde vai ela desse jeito com o filho?, perguntavam-se as senhoras que a viram sair.

Ela correu em direção à gruta, chorando e rezando. Sem dúvida, sua fé era tão grande como seu amor materno. Lá estavam algumas pessoas. A própria Bernadete estava lá, rezando, ajoelhada perto de um buraco cheio da água que vinha da fonte da gruta. Esse buraco, que media aproximadamente meio metro por um metro e meio, havia sido cavado no dia anterior pelos trabalhadores da pedreira, em agradecimento à Senhora pela cura de Luís Bouriette.

A água que enchia essa primeira "piscina" improvisada de Lourdes era bastante fria, não passava dos nove graus. A mãe, então, tirou a roupa da criança e bruscamente a mergulhou naquela água gelada. Deixou-a mergulhada por uns quinze minutos, segurando-a pelo pescoço. As pessoas presentes que assistiam a essa cena alucinante ficaram apavoradas. A criança não mostrou nenhuma reação. Estava pálida e totalmente rígida.

Luís Justino saiu da água como estava antes, nem mais morto nem mais vivo. A mãe, como que assustada pelo que tinha acabado de fazer, embrulhou o menino no avental e voltou para casa. Colocou-o no berço e pôs-se a rezar ao seu lado, enquanto seu marido lhe dizia com azedume:

— Agora pode ficar feliz, você acabou de matá-lo!

Mas, ao levantar a cabeça, no fim da oração, ela não conseguiu conter uma exclamação:

— Veja, ele está respirando!

Era verdade. Seu peito e seu ventre subiam e desciam com regularidade. Ele dormiu calmamente durante toda a noite. Acordou de manhã cedo e sua primeira reação foi chorar de fome. Depois de dar de mamar, a mãe colocou-o de novo no berço e ele voltou a dormir.

A senhora Croizine ficou alguns instantes contemplando o filho, radiante de felicidade. Depois foi fazer os serviços de casa. Sabia que podia deixar tranquilamente o menino, pois ele não se levantava e muito menos andava, por isso não havia perigo de cair do berço.

Mas, algum tempo mais tarde, ela ouviu passos de alguém andando suavemente pela sala. Virou-se para ver quem era. E o que viu fez com que ela caísse imediatamente de joelhos e abrisse os braços em cruz. Diante dela estava Luís Justino, em pé, sorrindo, titubeando sobre suas pernas ainda fracas e estendendo para ela as mãos. Ele andava pela primeira vez, sem jamais ter aprendido a ficar de pé.

— Que milagre! Que milagre!, gritava a senhora Croizine. Obrigada, Virgem Santíssima, muito obrigada!

Sua voz tremia, seus olhos estavam cheios de lágrimas. As vizinhas acorreram, atraídas pelos gritos e soluços. E puderam presenciar também a incrível cura do menino.

Isto aconteceu no dia 28 de fevereiro de 1858. Luís Justino morreu em 1935, com 78 anos de idade, na cidade de Pau, onde trabalhava como jardineiro.[3]

---

[3] Cf. Michel Agnellet. *Op. cit.*, p. 48s.

– Sim, vá a Lourdes. Lá você verá ótimos exemplos de *autossugestão*, com muitas flores, velas, incenso, preces coletivas etc.

Assim dizia o professor francês Pitrès, criticando os que acreditavam nos milagres de Lourdes. Mas a cura de Luís Justino pode ser atribuída à autossugestão? Ele tinha apenas 18 meses de idade. Nessa idade, é possível alguém ficar sugestionado de tal modo que induza à cura de uma doença grave? Naqueles quinze minutos em que ficou mergulhado na água gelada quase morto, ao seu redor só estavam presentes alguns curiosos, não havia nem flores nem velas, nem preces coletivas para induzir à autossugestão.

No espaço de poucos meses, as curas maravilhosas vão multiplicar-se em Massabielle. As curas de Luís Bouriette e de Luís Justino estão entre as primeiras.

O Dr. Vergez, que foi o relator médico da Comissão Episcopal que estudou os acontecimentos de Lourdes, escreveu o seguinte a respeito desses casos de curas extraordinárias:

> Dando uma olhada sobre essas curas, a gente se espanta logo de cara pela *facilidade*, pela *prontidão* e pela *instantaneidade* como elas acontecem; pela violação e transgressão de todos os métodos terapêuticos que se observam nesses acontecimentos; pelas contradições às leis e às previsões da ciência; pela pouca importância dada ao tempo da doença ou à sua gravidade ou à sua resistência; e pelo cuidado com o qual todas as circunstâncias são arranjadas e combinadas para mostrar que há, nas curas, um acontecimento contra a ordem da natureza...[4]

---

[4] Michel Agnellet. *Op. cit.*, p. 52.

A cura do jardineiro

Este mesmo Dr. Vergez irá assinar, em abril de 1875, um documento sobre a cura inexplicável de Pedro de Rudder, uma das mais estranhas curas e da qual se tem a prova mais formal.

Pedro de Rudder era um jardineiro belga. Aos 52 anos, ele tinha sofrido um acidente: um tronco de árvore caiu sobre sua perna esquerda, causando fratura dupla. Os dois ossos quebraram-se a alguns centímetros abaixo do joelho e nenhum tratamento médico conseguia fazer que se unissem. Foram consultados os maiores especialistas belgas, mas seus cuidados foram em vão. Passaram-se oito anos, e os ossos não se soldavam. Suas extremidades haviam perfurado a carne, formando uma ferida purulenta. Os médicos chegaram a uma conclusão: cortar a perna na altura do joelho.

Mas Pedro não queria nem ouvir falar de amputação. Ele sempre alimentava a esperança de cura. Aos amigos dizia que aquela "chaga maldita" iria fechar-se um dia e que ele retomaria o seu serviço de jardineiro.

No dia 6 de abril de 1875, ele renovou os curativos da ferida. As testemunhas puderam verificar que as extremidades dos ossos quebrados apareciam no meio da carne podre. Mas nesse dia Pedro pediu suas muletas e explicou que ia dar uma voltinha.

A voltinha consistiu em ir até a gruta de Oostacker, perto da cidade de Gand. Aquela gruta era uma imitação da de Massabielle e havia sido dedicada à veneração de Nossa Senhora de Lourdes. Pedro tinha ouvido falar dos milagres que aconteciam em Lourdes e, por isso, sua decisão era irrevogável: ia pedir uma graça à Senhora da menina Bernadete.

Alguns amigos e vizinhos deram-lhe conselhos na tentativa de fazer com que desistisse daquela peregrinação. Mas Pedro permaneceu irredutível. Ele e sua mulher seguiram viagem até Gand. Lá tomaram um coche com destino à gruta de Oostacker.

No caminho, teve de agüentar as barbaridades que o cocheiro, um sujeito rude e de pouca educação, ia dizendo-lhe. O homem, vendo a perna de Pedro balançando sem controle, repetia sem rodeios:

— Você vai perder essa perna!

Depois, começou a xingar ao ver que o sangue e o pus que saíam da ferida estavam sujando o seu coche.

Chegando a Oostacker, Pedro tomou suas muletas e, sem dizer uma palavra, caminhou penosamente até a gruta. Lá se assentou e se pôs a rezar e a pedir perdão dos seus pecados. Enquanto rezava, sentiu de repente um profundo arrepio por todo o corpo. Sua mulher, ajoelhada ao seu lado, também mergulhada em profunda oração, ouviu o marido resmungar alguma coisa. Não deu importância aos resmungos nem podia imaginar o que estava acontecendo.

Pedro, sem o auxílio das muletas, tinha-se levantado. Vacilou um pouco em suas pernas, depois deu um passo, um outro... e andou. Ele estava completamente curado, como se verificou mais tarde. Nos poucos minutos que ficou diante da gruta, seus ossos haviam fortemente se unido.

— Impossível!

Esta foi a expressão de espanto que mais se ouviu daqueles que conheciam bem o caso de Pedro.

A volta de Pedro de Rudder para a sua cidadezinha de Jabbecke foi um verdadeiro triunfo. Naquela tarde, seus amigos e conhecidos puderam vê-lo andar pelas ruas sem o uso das muletas. Os mais incrédulos não conseguiam compreender nada. O visconde Du Bus, um homem sem religião, em cuja casa Pedro trabalhara como jardineiro, já havia recebido um comunicado informando sobre o acontecido. Então, comentou com sua mulher:

— Eu não acredito em milagres. Mas se eu vir Pedro andando diante de mim, acreditarei.

Quando viu Pedro e se convenceu de que ele estava completamente curado, teve de reconhecer honestamente que se havia enganado durante toda a sua vida.

As reações de todos os médicos que haviam cuidado de Pedro não foram diferentes. O Dr. Affenaer, médico da família, confirmou:

— Pedro, você está radicalmente curado. Todos os remédios humanos seriam incapazes...

Esse fato deu origem à conversão do Dr. Van Hoestenberghe, até aquele tempo um incrédulo. Ele escreveu ao Dr. Boissarie, presidente da Comissão Médica de Lourdes:

— Fui um descrente, mas o milagre de Pedro de Rudder me abriu os olhos.

Ele e os doutores Royer e Deschamps discutiram essa cura extraordinária na *Revista de questões científicas*. Os três chegaram a uma mesma conclusão: era impossível explicar aquele fenômeno pelas forças naturais.

Após a morte de Pedro, o próprio Dr. Van Hoestenberghe fez uma autópsia no corpo. Pôde, então, verificar e comprovar a existência da dupla recuperação dos ossos. De posse dessa comprovação, a Comissão Médica de Lille, constituída por mais de cem médicos e sob a presidência do Dr. Duret, declarou oficialmente, em outubro de 1901, que "Pedro de Rudder foi curado instantaneamente de uma fratura supurada e que a reparação dos ossos, revelada pela autópsia, não seria possível pelos meios naturais...".

De fato, as leis conhecidas da medicina não conseguem explicar como uma ferida complicada e gangrenosa, causada por uma fratura dupla de ossos, possa sarar completamente de um modo espontâneo e no espaço de alguns segundos. Para a cura de uma lesão assim tão grave, tão profunda e tão extensa, afetando os ossos, os músculos, os nervos, os tecidos conjuntivos e epiteliais, seriam necessárias semanas ou meses de imobilização, de cuidados médicos e de remédios.

A cura foi declarada milagrosa em 1908, vinte anos após a morte de Pedro de Rudder.

A cura instantânea de Joachime

Joachime Dehant, 29 anos, era uma belga da cidade de Gesves. No começo do ano de 1877, apareceu em sua perna direita uma ferida que, aos poucos, foi espalhando-se por toda a face externa da perna, e alguns focos de necrose gangrenosa não tardaram a aparecer. Os médicos belgas que cuidaram dela, especialmente o Dr. Froidbise, foram perdendo aos poucos toda esperança de curá-la ou mesmo de salvá-la.

A doença se agravou de tal modo que ela já não mais conseguia sair de seu quarto. A gangrena avançou rapidamente e dois terços de sua perna ficaram sendo um foco só de infecção e de putrefação.

Joachime, então, compreendeu que somente um milagre poderia salvá-la. Decidiu ir a Lourdes para a reza do rosário e para pedir à Santíssima Virgem um alívio para suas dores. Sua família se inquietou. Joachime tinha definhado tanto que não pesava mais do que 29 quilos. Iria ela suportar a viagem? Fazia tempo que suas pernas já não conseguiam mais sustentá-la. Alimentava-se muito pouco e raramente. E o mau cheiro que exalava de suas feridas fazia dela um verdadeiro objeto de repulsa.

Mas Joachime estava resolvida. Pediu com tanta insistência para ser levada a Lourdes, como se aquela fosse a sua última vontade neste mundo, que seus parentes por fim cederam.

A viagem foi longa e penosa para a moribunda... e para os vizinhos do vagão em que ela viajava e que ficaram indignados. Alguém chegou mesmo a dizer bem alto:

— Viajar junto de pessoa com tal infecção é perigoso, a cólera pode invadir todo o trem...

Em Lourdes, foi levada ao hotel sobre uma maca. O cansaço da viagem parecia querer precipitar seu fim. Ninguém a escutou quando ela pediu para ir banhar-se na piscina da gruta. Mas sua insistência foi tanta que, por fim, consentiram em satisfazer o seu desejo.

No dia 12 de setembro de 1878, tomou o seu primeiro banho na água gelada, mas que não trouxe nenhuma melhora ao seu estado. Foi conduzida ao hotel, mais doente do que estava. No dia seguinte, pediu novamente para ser levada até a gruta.

Os seus carregadores hesitaram por alguns momentos antes de introduzi-la na piscina. Mas, por fim, mergulharam-na naquela água gelada. Desta vez, Joachime reagiu bruscamente ao contato com a água, sentindo uma dor alucinante. Depois, saiu da piscina ainda com o auxílio dos carregadores. Mas estava completamente curada, como se verificou depois.

Os carregadores, os enfermeiros que a acompanhavam, o pessoal do hotel e seus vizinhos de quarto serão os primeiros a dar testemunho da cura, e todos assinaram o "relatório". E não somente eles: o médico que cuidava dela, o Dr. Froidbise, ele próprio comprovou que Joachime estava completamente curada de sua ferida.

Quinze anos depois, um advogado de nome Deploige voltou novamente ao caso e fez várias perguntas ao Dr. Froidbise:

– O senhor examinou de fato Joachime Dehant?

– Sim, examinei.

– É verdade que, no dia 6 de setembro, o senhor verificou a existência de uma ferida na perna direita de Joachime?

– Sim, era uma ferida bastante grande.

– Quando o senhor voltou a examinar novamente a doente, no dia 19 de setembro, essa ferida havia desaparecido?

– Sim, completamente!

– O senhor acha, doutor, que essa ferida poderia ter sarado naturalmente no intervalo de tempo entre o dia 6 e 19 de setembro?

O médico foi categórico na sua resposta:

– Não. No dia 6 de setembro a carne estava nua e exposta; no dia 19 a pele revestia completamente toda a superfície onde havia a ferida; a pele estava seca e sadia![5]

A cura de Joachime não foi somente instantânea e completa. Foi também definitiva. E a melhor prova disso é que ela viveu com saúde até aos 75 anos. Durante todo esse tempo de sua vida, fez aproximadamente 60 peregrinações a Lourdes para agradecer à Virgem Maria. E nunca se esquecia de passar pela Comissão Médica para ser examinada e provar que estava com a saúde perfeita.

A cura de Joachime foi declarada milagrosa pela Igreja.

O soldado Francisco

Francisco Vion-Dury era um jovem soldado. Em novembro de 1882, participou de um salvamento de quatro pessoas que estavam presas pelas chamas num incêndio de um hotel, na cidade de Dijon. Durante a operação de salvamento, uma porta se abriu e uma violenta labareda o atingiu em cheio, queimando seriamente os seus olhos.

Após a cicatrização da queimadura, Francisco percebeu que estava praticamente cego. As duas retinas estavam descoladas. Foi o que comprovou o Dr. Dor, de Lyon.

A vida de Francisco, então, tornou-se muito precária. Vivia de sua pensão, abatido, desencorajado, sem vontade de lutar contra sua miséria física. No dia 16 de julho de 1890, foi internado no Hospital de Confort, cujo pessoal era constituído principalmente de religiosas. Duas delas, as irmãs Luísa e Marta, sentiram grande compaixão pelo rapaz, que lhes parecia estar às

---

[5] Michel Agnellet. *Op. cit.*, p. 61.

portas do desespero. Perceberam que ele havia se distanciado da fé e da esperança, isolado que estava em suas misérias físicas. Mas não dava sinal de revolta nem costumava blasfemar.

Confortado com as palavras e com a dedicação das duas irmãs, Francisco sentiu renascer em si uma fé vacilante. No dia primeiro de agosto, começou a rezar uma novena. As duas irmãs lhe deram, então, um frasco contendo água da fonte da gruta de Lourdes. No dia seguinte, ao terminar suas orações, Francisco estendeu a mão e pegou o frasco no criado-mudo, umedeceu com a água os seus dedos e passou-os sobre as pálpebras. Repetiu esse gesto por três vezes. De repente, sentiu uma dor tão violenta nos olhos que chegou mesmo a se perguntar se aquele frasco não continha amoníaco em vez de água. Quis tirar a dúvida, levando o frasco aos lábios e, espantado, *viu* o frasco se aproximando... Estava vendo. Mais tarde ele testemunhou:

– A visão foi-me restituída como que num tiro de fuzil... Eu mesmo não conseguia acreditar!

De fato, Francisco estava curado. Então, ele se levantou e se dirigiu, mesmo seminu, à capela para rezar e agradecer.

Três anos depois, o próprio Dr. Dor, aquele que havia certificado de que Francisco era absolutamente incurável, confirmou a sua cura através de uma declaração por escrito durante um Congresso de Oftalmologia em Paris. E terminou sua declaração com esta frase:

– Uma vez que Francisco Vion-Dury pôde ser curado, outros também poderão...

Note-se que o Dr. Dor era protestante e, por isso mesmo, pouco inclinado a admitir os milagres de Lourdes. E foram justamente dele os únicos dois atestados que permitiram à Igreja reconhecer o caráter milagroso da cura de Francisco.[6]

---

[6] Cf. Michel Agnellet. *Op. cit.*, p. 62ss.

Um homem de má-fé

No dia 20 de agosto de 1892, o "trem branco" entrava na estação de Lourdes. Era o trem que transportava os peregrinos, o trem do desespero e, ao mesmo tempo, da esperança. A maior parte de seus passageiros era de doentes em grau extremo, já desenganados pela medicina e cuja única esperança agora era a intercessão de Nossa Senhora de Lourdes.

Nesse trem viajavam duas mulheres, em vagões diferentes, mas unidas pelo mesmo problema: tuberculose já em estado bem avançado. Uma se chamava Maria Lebranchu e a outra, Maria Lemarchand.

No mesmo trem viajava também um homem ilustre, um escritor francês de fama internacional: Emile Zola. Ele não estava doente. Ia a Lourdes com outras intenções. Queria recolher provas e documentos para escrever um livro que ele queria que fosse uma obra-prima. Sua intenção era bem clara: desmascarar a "impostura" dos milagres da gruta de Bernadete e provar que doentes como Maria Lebranchu e Maria Lemarchand não podiam ser curados apenas pela força da água da fonte. Vinha, portanto, com uma ideia preconcebida.

Emile Zola teve contato com as duas mulheres doentes durante a viagem no trem. Maria Lemarchand, de 18 anos, sofria de tuberculose de pele, que já havia atingido todo o seu rosto. Eis como o próprio Zola descreve o estado dela no seu livro "Lourdes":

> A tuberculose havia invadido seu nariz e sua boca. Uma úlcera latente se alastrava debaixo das crostas e devorava as mucosas. A cabeça, alongada como focinho de cachorro, com os cabelos rudes e os olhos grandes e redondos, tinha um aspeto horrível. As cartilagens do nariz estavam quase inteiramente carcomidas. A boca havia se retraído e se entortado para a esquerda por causa de um

inchaço do lábio superior, parecendo uma fenda oblíqua imunda e sem forma. Da chaga horrível e lívida escorria uma secreção de sangue misturado com pus.

Ao ver Elisa Rouquet (este foi o nome fictício que Zola deu a Maria Lemarchand em seu livro) colocar com cuidado os pedacinhos de pão na abertura sangrenta que lhe servia de boca, todo o pessoal do vagão se empalidecia diante desse espetáculo abominável... Vendo-a assim, um desejo unânime nascia em todas as almas cheias de esperança: "Ah! Virgem Santa! Virgem poderosa! Que milagre, se uma doença como essa fosse curada!"

No dia 21 de agosto, um domingo, Maria Lemarchand pediu para ser mergulhada na piscina da fonte. Ela tomou um único banho, do qual saiu completamente curada. A testemunha desse milagre foi o Dr. D'Hombres. Eis a sua declaração que consta nos autos da Comissão Médica de Lourdes:

> Eu me lembro muito bem de ter visto Maria Lemarchand diante das piscinas, esperando sua vez de tomar banho. Fiquei chocado com o seu aspecto particularmente repulsivo. As duas faces, a parte inferior do nariz, o lábio superior estavam recobertos por uma chaga de natureza tuberculosa da qual escorria um pus abundante. Os panos que recobriam essa figura estavam todos sujos de pus.
>
> Depois do banho na piscina, fui imediatamente ao Hospital, ao lado dessa mulher... Em lugar da chaga horrível que eu tinha visto, encontrei uma pele ainda avermelhada, é verdade, mas seca e como que recoberta por uma epiderme recém-formada... Confesso com toda a sinceridade que fiquei vivamente impressionado com essa mudança tão repentina, causada por uma simples imersão na água fria, uma vez que, como se sabe, a tuberculose de pele é uma doença muito rebelde a toda espécie de tratamento.

O Dr. D'Hombres levou Maria Lemarchand até a Comissão Médica. E lá estava também o escritor Emile Zola, rodeado de médicos, de escritores e de jornalistas...

O Dr. Boissarie convidou-o a examinar a doente. O escritor primeiro ficou perturbado e recuou. Depois, refazendo-se do susto, disse:

— Vejam! Ah não! Ela está ainda muito deformada!

No seu livro sobre Lourdes, Zola admitiu que Maria Lemarchand de fato foi curada. Mas como ele tinha na cabeça a ideia preconcebida de que era impossível uma cura e uma regeneração instantânea dos tecidos destruídos pela doença, deu uma explicação no mínimo esquisita para o caso. Disse que a doença de Maria Lemarchand não era uma doença real, mas uma doença de origem nervosa, uma "falsa tuberculose". E o choque que ela recebeu em Lourdes, qualquer que tenha sido esse choque, místico ou não, foi suficiente para curá-la dessa sua doença nervosa.

Com essa explicação, Zola foi contra as opiniões dos médicos da Comissão Médica, que entendiam de medicina bem mais do que ele. Como é que uma doença nervosa poderia explicar a presença dos bacilos de Koch, causadores da tuberculose, nos escarros da doente? Uma simples doença de nervos teria o poder de criar espontaneamente esses bacilos? E um simples "choque", de qualquer natureza, teria o poder de regenerar completa e instantaneamente os tecidos corrompidos pela doença?

Maria Lemarchand voltou a Lourdes todos os anos em peregrinações, durante 40 anos. Teve cinco filhos. No seu rosto não ficou nenhum sinal ou cicatriz da doença, o que, por si, já poderia ser considerado um milagre. Morreu em 1931, com 70 anos. Ela leu o livro "Lourdes" de Emile Zola, que falava dela, e contentou-se simplesmente em sorrir...

E a outra mulher, companheira de viagem de Maria Lemarchand, que desembarcou no mesmo dia na estação de Lourdes, o que aconteceu com ela?

Maria Lebranchu era uma doente que causava pena em qualquer um que a visse. Tinha 35 anos e pesava somente 30 quilos. O escritor Emile Zola já a tinha visto mesmo antes da partida do trem, encostada à plataforma da estação. Ficou tão impressionado com o estado físico dela, que exclamou:

– Se esta ficar curada, então acreditarei...

É assim que ele a descreve em seu livro:

> Grivotte (esse é o nome que o autor dá a Maria Lebranchu no livro) era uma senhora com mais de 30 anos, singular, de quadris deformados, de rosto redondo e desolado, ao qual os seus cabelos crespos e seus olhos flamejantes davam uma aparência até bonita. Era tuberculosa em terceiro grau. Ela dizia: "Tenho um pulmão perdido e o outro não está em melhor condição... Estou sempre suando, tenho acessos de tosse de me fazer saltar o coração. Não consigo mais escarrar, de tão espesso que é... Não posso ficar em pé, não consigo comer..."

Desta vez, o escritor Zola reconheceu a autenticidade da doença e não apelou para a explicação de doença de origem nervosa. Não colocou em dúvida o diagnóstico dos médicos. Pois, era bom para os seus planos que Maria Lebranchu estivesse realmente bem doente. Porque ela irá morrer (no seu livro, é claro!). O escritor foi de tanta má-fé neste caso que fez a doente morrer 30 anos antes do dia marcado!

No dia de sua chegada a Lourdes, Maria Lebranchu pediu para ser levada para as piscinas. O Dr. Boissarie, depois de alguma hesitação, assinou o boletim autorizando. A água estava bastante fria, a menos de 10 graus. O choque poderia ser fatal.

Mas a doente estava animada de uma fé tão grande que o doutor cedeu aos seus pedidos.

Dois carregadores introduziram a doente na água da piscina, sustentando-a pelos braços. Maria Lebranchu se contorceu de dor ao sentir a água gelada. Teve um espasmo terrível, como uma última convulsão. Mas, de repente, ela soltou-se das mãos dos carregadores, endireitou-se sozinha, andou e saiu da piscina recitando uma Ave-Maria que fez arrepiar toda a assistência. Vestiu-se e foi até a gruta, sem a ajuda de ninguém. Lá ficou ajoelhada por meia hora, rezando e agradecendo à Virgem Maria.

A descrição dessa cura que se lê no registro da Comissão Médica de Lourdes diz o seguinte:

> Ao sair da primeira imersão na piscina, no dia 20 de agosto, sábado, Maria Lebranchu veio até a Comissão Médica. Foi examinada com cuidado e não foram encontrados nos seus pulmões nem roncos, nem sopros, nem qualquer som suspeito, nem sequer um mínimo traço de lesão. Foi examinada novamente no dia 21. A paciente não tosse mais, não escarra mais e come com apetite. Todos os dias, até a sua partida, comprovou-se que a cura se mantinha perfeitamente bem.

Mas o escritor Zola, em seu livro, dá outra explicação sobre a cura: Maria Lebranchu, superexcitada pelo banho de fé que recebeu em Lourdes, tinha apenas a "impressão" de estar curada. Mas, depois de passada essa impressão, a doença voltaria.

Segundo o livro, ela tomou o trem de volta para casa. Na estação de Lamothe, "ela se agarrou à divisória, tomada de uma angústia súbita; tornou-se novamente magra, com o rosto pálido e torturado. Começou a escarrar sangue aos borbotões. Essa recaída fulminante deixou todo o pessoal do vagão gelado...".

O trem seguia o seu caminho pela noite escura. O autor segue descrevendo que a doente continuava cada vez pior, com falta de respiração, com febre intensa. Chegando a Paris, o seu estado era tão deplorável que foi logo conduzida ao hospital.

E o livro deixa entendido que Maria Lebranchu morreu daquela mesma doença da qual pensava estar livre, provando, assim, que os milagres de Lourdes não existiam.

Mas a realidade foi bem diferente. Ela fez uma excelente viagem, sem nenhuma recaída, contagiando os seus companheiros do vagão com a sua imensa alegria. De todas as descrições de Zola, uma só foi verdadeira: Maria Lebranchu foi, de fato, ao hospital em Paris. Por uma razão muito simples: ela não tinha onde ficar.

No hospital, os médicos, as enfermeiras e as irmãs de caridade ficaram espantados com a sua cura total. Um médico a examinou e a auscultou. Não pode acreditar no resultado e disse a uma religiosa:

— Mande levar essa mulher para o meu consultório, quero examiná-la mais atentamente.

E fez novos exames, mais minuciosos e prolongados, sempre com resultados negativos. Maria Lebranchu estava completamente curada.

No dia seguinte, ela tomou o trem para Sens. Casou-se e tornou-se a senhora Wuiplier. Trabalhou como vendedora em uma loja. Apesar das dificuldades e das privações em que vivia, sua saúde continuou perfeita.

O livro de Emile Zola foi publicado com o título "Lourdes". Nas páginas do livro, como vimos, ele "matou" Grivotte (Maria Lebranchu) 30 anos antes do tempo. E a "defunta" vivia bela e formosa, trabalhando numa loja em Paris. Os inimigos de Zola tinham o prazer de lhe lembrar que a sua defunta estava viva e em perfeita saúde. E isto incomodava muito o escritor. A uma crítica do Dr. Boissarie, ele respondeu:

— Meus personagens me pertencem, tenho o direito de fazer deles o que bem entendo, de fazer que morram ou que vivam.

Num dia de 1895, não agüentando mais as gozações, Emile Zola decidiu fazer uma visita àquela que ele havia "matado". E lhe fez uma proposta: de ela ir morar no campo, na Bélgica, o país de seu marido.

– Lá o ar é bem melhor do que em Paris, disse ele.

Rindo, Maria Lebranchu ouvia Zola fazer-lhe propostas maravilhosas para se ver livre daquele fantasma vivo que lhe perturbava a consciência. Ficou mais feliz ainda quando ouviu os passos do marido subindo as escadas. Porque seu marido havia prometido dar uma bela lição "a este senhor Zola", no dia em que tivesse oportunidade.

Não se sabe o que aconteceu lá dentro daquela casa. Sabe-se apenas que Emile Zola saiu apressado e tomou o caminho de volta para a sua casa.

Entre os muitos que se revoltaram contra o romance de Zola estava o Dr. Boissarie, presidente da Comissão Médica de Lourdes. Nos *Annales*, revista do santuário de Lourdes, fez uma crítica severa do livro. Também pronunciou conferências em Bruxelas, Louvain e Paris. Na conferência de Paris, foram convocadas catorze pessoas curadas em Lourdes, entre elas Marie Lemarchand, tão maltratada no livro de Zola. No final da conferência, pediu que ela se levantasse. O público longamente a ovacionou.

É interessante notar como um preconceito pode levar à deturpação completa da verdade. Na cabeça do famoso escritor, os milagres de Lourdes não podiam existir. E essa ideia fixa levou-o a distorcer os fatos. Querer explicar os acontecimentos, em primeiro lugar, pelas leis naturais é uma atitude que todos nós devemos ter. É uma atitude louvável de cientista. Não foi esse o caso de Zola. Quando ele percebeu que sua teoria não explicava os fatos, distorceu os fatos para explicar a sua teoria.

Um homem de boa-fé

Se o escritor Emile Zola foi de tremenda má-fé no seu livro sobre Lourdes, houve um homem que, ao contrário, só buscou a verdade ao examinar as curas extraordinárias. Esse homem foi um médico famoso que ganhou o prêmio Nobel em medicina no ano de 1912 e escreveu o livro "O homem, este desconhecido", que foi um dos mais vendidos em seu tempo. Seu nome: Alexis Carrel.

Embora pertencesse a uma família cristã, sua fé era vacilante. Dizia-se agnóstico, isto é, Deus para ele era uma incógnita indecifrável, um ser distante e inatingível. Mas, ao contrário de Emile Zola, Carrel era um homem correto, incapaz de trair ou camuflar a verdade. Aos médicos que, por princípio ou preconceito, se recusavam a estudar os fatos de Lourdes, ele fez uma advertência: "Por mais absurdo que seja o milagre..., se ele for verificado em condições bastante concretas para a gente ter a certeza de não ser enganado, é impossível não admiti-lo... Assim, a cura repentina de uma moléstia orgânica, a reconstituição de uma perna quebrada, a cura instantânea de uma luxação congênita, o desaparecimento de um câncer, se tudo isto fosse constatado... levaria a aceitar a interferência de um poder sobrenatural... De mim, eu digo, se visse apenas uma chaga fechar-se, instantaneamente, tornar-me-ia louco ou crente fanático".[7]

Tinha 30 anos quando viajou para Lourdes. Não foi de livre e espontânea vontade. Aconteceu que um médico amigo, que devia acompanhar uma peregrinação, na última hora foi impedido de ir e pediu a Carrel o favor de tomar o seu lugar. Substituindo o colega, ele pegou o trem em Lyon e se instalou num compartimento em companhia de alguns sacerdotes e de uma

---

[7] Cf. João José Cavalcante. *Op. cit.*, p. 94.

nobre dama que praticamente financiava a peregrinação dos doentes, também ela doente.

O Dr. Carrel tinha sob sua responsabilidade trezentos enfermos, aos quais prestou assistência, perambulando pelos vagões. Entre eles estava Maria Bailly, uma jovem de 22 anos, que precisou logo de seu socorro. De fato, ela estava em estado deplorável. Carrel aplicou-lhe uma injeção de morfina. Depois, examinou os documentos sobre a doente e cientificou-se de que ela estava com peritonite tuberculosa.

Chegando a Lourdes, o estado da doente piorou. O Dr. Carrel foi chamado. Depois de um exame demorado, ele confirmou:

– É uma peritonite tuberculosa em seu último estágio. Pode viver por alguns dias ainda, mas está condenada...

A enfermeira, então lhe perguntou:

– Doutor, podemos levá-la à piscina? Ela me disse que queria muito se banhar na água da fonte da gruta. Foi para isso que veio até aqui.

Carrel, então, virou-se para um colega de Bordéus que o acompanhava e pediu sua opinião:

– O que você acha?

– É arriscado, ela pode morrer no caminho.

A enfermeira insistiu:

– Essa jovem não tem mais nada a perder... Seria cruel não atender ao seu último desejo e negar-lhe a felicidade de ir até a gruta.

– Está bem, concordou o doutor. Eu vou acompanhá-la.

E voltando-se para o colega, comentou:

– Estamos diante de um dilema: ou a morte ou um milagre. Se esta se curar, creio no milagre.

Chegando à piscina, a compaixão do doutor pela pobre doente era tanta que ele fez no íntimo uma prece fervorosa:

– Ó Virgem Maria, se não sois um mito criado pelos nossos cérebros, curai essa jovem que realmente sofreu demais e fazei que, reencontrando-a viva na saída da piscina, eu possa crer...

As enfermeiras acharam melhor não mergulhar a doente na piscina. Por isso, aplicaram-lhe algumas loções de água na região afetada pela doença. Ela sentiu dores atrozes ao contato com a água.

Depois, levaram-na até a gruta. O Dr. Carrel disse às enfermeiras:

— Se precisarem de mim me chamem.

Passado algum tempo, Carrel chegou à gruta onde já estava seu colega de Bordéus. Notou alguma coisa diferente no corpo de Maria e comentou com o colega:

— Veja nossa doente, não lhe parece que está melhorando?

— Não vejo nada... Se é que não está morta...

Carrel acompanha a doente, os olhos sempre fixos nela. Pouco tempo depois, nota algumas transformações surpreendentes: o ventre, antes muito volumoso, estava diminuindo; as orelhas, o nariz e as mãos, antes frios ao contato, agora estavam mais quentes.

— Como se sente, Maria?, perguntou.

— Muito bem, doutor. Mas ainda um pouco fraca...

Depois, dando um suspiro de felicidade, acrescentou:

— Sinto que estou curada.

O Dr. Carrel levou um susto. Ficou perplexo, porque estava de fato vendo que mudanças significativas aconteciam com a doente, de minuto em minuto, diante dos seus próprios olhos. A "morta" era outra.

Depois, vai até a Comissão Médica e conta ao presidente, o Dr. Boissarie, o que ele tinha acabado de ver. Boissarie lhe diz:

— Não lhe falei ontem que, sob uma força que parece impossível, os cânceres, os tumores, as tuberculoses desaparecem aqui? Sua "peritonite tuberculosa" não será a primeira.

Naquele mesmo dia, à noitinha, Carrel vai até o Hospital e faz um meticuloso exame na jovem. E seu espanto confirma-se e aumenta: Maria não apresenta nem sequer vestígio de que esteve gravemente doente de peritonite tuberculosa.

Naquele momento, chegam seus colegas de Bordéus. Disfarçando sua emoção e tentando demonstrar ar de indiferença, disse aos colegas:

– Ela parece curada. Não acho mais nada. Examinem-na.

Enquanto a examinavam, o Dr. Carrel se põe de lado e começa a raciocinar:

– Aqui estou eu, envolvido numa história de milagre... Custe o que custar, irei até o fim, como se tratasse de um experimento em um cão. Quero ser, neste caso, apenas um exato instrumento registrador... Se, de fato, é um milagre, impossível não admitir a existência de um poder sobrenatural.

Acordando de seus pensamentos, Carrel perguntou aos colegas:

– Acharam alguma coisa?

– Nada... Absolutamente nada. Ela está curada.

O Dr. Carrel, então, ousa dizer a palavra que antes temia:

– É um milagre!

Foi aí o começo da conversão do Dr. Alexis Carrel. Ele deixava de ser agnóstico para tornar-se um católico fervoroso. Agora acreditava na existência do sobrenatural, crença que guardará até o último suspiro. Não, a Virgem Maria não era um mito criado pelo cérebro ou pela crendice popular! Era ela quem estava por trás das curas extraordinárias que aconteciam em Lourdes.

Voltando a Lyon, dirige-se à Faculdade de Medicina, onde conta aos professores e condiscípulos o que havia acontecido em Lourdes. A história deu motivo para muitos risos e gozação. A direção da Faculdade não gostou. Imagine um membro da famosa Escola de Medicina de Lyon estar envolvido com esses mitos de milagres, coisa ultrapassada!

O Dr. Carrel foi advertido pela diretoria:

– Com tais ideias, Carrel, julgamos com direito de poder dizer-lhe que você nada tem a fazer entre nós. Jamais a Faculdade lhe abrirá as portas.

Então, ele arrumou as malas e viajou para os Estados Unidos, que lhe abriram as portas de par em par. Foi admitido no Instituto Rockfeller, onde se dedicou intensamente às suas pesquisas biológicas, que lhe trouxeram, mais tarde, o prêmio Nobel em medicina.

Faleceu em 5 de novembro de 1944, reconfortado pelos Sacramentos da Igreja Católica. Antes de morrer, exclamou:

– É na hora da morte que se sente o nada de todas as coisas. Conquistei a fama. No mundo, falam de mim e das minhas obras. Mas, diante de Deus, nesta hora, não passo de uma criancinha, de uma pobre criança.[8]

O carteiro Gabriel

Gabriel Gargam, um jovem de 27 anos, era um funcionário dos Correios, na França. Na noite de 18 de dezembro de 1899, ia de Bordéus a Paris, quando foi vítima de um acidente terrível. O trem em que viajava colidiu-se com uma locomotiva. O choque foi tão violento que os destroços dos vagões espalharam as pedras da linha de ferro por uma centena de metros. O vagão dos Correios, estraçalhado pela locomotiva, explodiu com um estrondo violento. Durante toda a noite, os homens de resgate e salvamento, atolados na neve até a cintura, tentaram em vão encontrar o corpo do carteiro ambulante.

Conseguiram encontrá-lo somente ao raiar do dia, a 18 metros da linha de ferro. Estava inconsciente, pálido e rígido de frio. Um médico inclinou-se sobre ele, tomou-lhe o pulso e, depois de alguns segundos, disse admirado:

---

[8] Cf. João José Cavalcante. *Op. cit.*, p. 99. O Dr. Alexis Carrel relatou o milagre de Maria Bailly no seu livro *Le Voyage de Lourdes*, Plon, 1949.

– Milagre! Ele ainda vive!

Transportado para um hospital, Gabriel permaneceu desacordado. Só voltou a si ao escurecer daquele dia. Não se lembrava de nada do que havia acontecido. Seu ombro tinha sido moído, os ossos do crânio estavam à vista e o corpo todo cheio de cortes profundos. Tinha perdido muito sangue. A hemorragia teria sido fatal, se o contato com a neve não a tivesse estancado a tempo. O cirurgião que o atendeu levou horas para retirar todos os corpos estranhos que se haviam fixado em suas pernas.

A convalescença do jovem Gabriel foi bastante rápida. Mas as feridas ainda deixavam escapar, de vez em quando, alguns fragmentos de osso. Havia, porém, um problema: a rigidez das pernas que ele havia sentido no dia seguinte ao desastre estava piorando.

Com o tempo, Gabriel ficou praticamente paralisado da cintura para baixo. Os médicos comunicaram à família que havia pouca esperança de ele sobreviver. Porque a rigidez dos membros inferiores era a manifestação visível dos males internos que a colisão e o aprisionamento na neve haviam causado ao seu organismo. A doença progredia visivelmente, semana após semana. Seu corpo sofria cruelmente e também seu moral. Ele já recusava qualquer alimento. Por fim, foi necessário aplicar-lhe uma sonda na garganta, pela qual recebia toda a alimentação. Quase dois anos após o desastre, ele havia perdido 50 quilos. Parecia um esqueleto. Não levantava mais da cama.

A mãe de Gabriel tinha decidido, secretamente, levar o filho a Lourdes.

– O que a medicina não consegue, a Virgem de Lourdes pode conseguir, repetia ela.

Mas Gargan era praticamente ateu e não ia à igreja fazia mais de quinze anos. Por isso, relutava em aceitar os desejos da mãe. Enfim, por respeito a ela, cedeu. Dizia a seus amigos:

– Meus dias estão mesmo contados. Aqui ou lá, o que importa? Se a morte em Lourdes significar para minha mãe uma morte digna de um bom cristão, isto será para ela um consolo...

No dia 19 de agosto de 1901, foi levado de maca até o trem dos peregrinos. "Seu corpo todo era uma chaga só, que causava pena", escreveu José Belleney que o conhecia muito bem. A gangrena já havia atingido todas as extremidades. Ele praticamente não possuía mais fibras musculares.

A viagem foi penosa para o moribundo, que já não tinha mais consciência do que fazia.

Às quatro horas da tarde, ele estava no meio dos doentes dispostos em fila, na frente da Basílica de Lourdes. O Santíssimo Sacramento passou, abençoando os doentes e todo o povo. Seu carregador notou que ele estava muito pálido, com os membros enrijecidos e, após um estremecimento, parecia ter desfalecido. Aproximou-se, então, da mãe de Gabriel e lhe cochichou:

– Senhora, o seu filho morreu... Devemos levá-lo ao hospital.

– Não, por favor, deixe-o!

E a mãe colocou um lenço sobre o rosto do filho para que ninguém o visse morto.

O Santíssimo Sacramento passou. De repente, o moribundo se agitou e se agarrou nos varais da maca, fez um esforço desesperador e conseguiu sentar-se. As pernas, paralisadas havia quase dois anos, estenderam-se e moveram-se lentamente. Então, o carregador, a senhora Gargam e todos os que estavam presentes assistiram a um espetáculo inesquecível: Gabriel colocou um pé no chão, depois o outro, e levantou-se. E começou a andar, seguindo a procissão do Santíssimo Sacramento, pronunciando algumas palavras ininteligíveis, sua primeira oração de agradecimento pela cura.

Pois, ele estava curado. Quinze minutos mais tarde, sessenta e três médicos reunidos na Comissão Médica de Lourdes puderam verificar e registrar a cura repentina e completa daquela paralisia "incurável" e de todas as chagas gangrenosas de Gabriel. Em poucos instantes, seus músculos tinham sido refeitos e ele readquiriu os movimentos das pernas. E mais: uma pele nova recobriu por inteiro suas feridas. Os médicos que o examinaram foram unânimes: "Esta cura é inexplicável cientificamente".

Gabriel nem sequer teve um tempo de convalescença. Voltando para casa, começou a viver uma vida normal, comia com apetite e em poucas semanas readquiriu o peso perdido.

Todos os anos, por ocasião da Peregrinação Nacional, ele voltava a Lourdes para agradecer, onde servia também como carregador voluntário das macas dos doentes E isso por 53 anos! Tornou-se um peregrino dos mais conhecidos em Lourdes, desses que todos apontam com o dedo e que os doentes olham com olhos cheios de esperança.

Gabriel Gargam morreu em 24 de fevereiro de 1953, com 81 anos de idade, sem nunca mais sentir suas feridas nem qualquer sequela de sua antiga doença.[9]

A tuberculose desapareceu

Emília Cailleux nasceu em Paris, em 1894. Sua mãe e seu irmão morreram de tuberculose. E ela, desde a infância, também sofria de uma bronquite crônica que nada mais era do que uma tuberculose pulmonar, como confirmaram os médicos do sanatório de Villepinte, onde foi internada em 1919. Sua ficha de admissão no sanatório registra que foi encontrada em suas expectorações uma grande quantidade de bacilos de Koch, o agente causador da tuberculose.

A doença continuou a sua evolução e Emília ia perdendo peso constantemente. Em junho de 1919, ela pesava apenas 33 quilos, contra os 47 do dia da internação.

---

[9] Cf. Ruth Cranston. *Op. cit.*, p. 24ss. Michel Agnellet. *Op. cit.*, p. 90ss.

Em setembro de 1920 teve de ser internada no hospital de Lariboisière, onde seu estado foi considerado desesperador. Depois, foi para o hospital São Luís. A tuberculose já havia invadido a coluna vertebral. Por isso, teve de ser engessada.

Em julho de 1921, Emília pediu para tomar parte na peregrinação nacional a Lourdes. O médico Lecene, que cuidava dela, incrédulo, disse:

– Emília não é uma doente para Lourdes. Sua doença não é de origem nervosa!

Apesar das opiniões desfavoráveis dos médicos, ela fez pé firme, queria ir a Lourdes a todo o custo.

Um homem veio de encontro ao seu desejo. Um homem que fazia, por conta própria, suas pesquisas sobre as curas atribuídas a Lourdes. Ele procurava descobrir os doentes que possivelmente poderiam ser curados, fazendo visitas aos que estavam de partida para Lourdes. Esse homem era o Dr. Goret.

No ano anterior, em 1920, ele havia visitado em Paris quinze doentes antes de sua peregrinação. Acompanhou-os a Lourdes durante todo o tempo que lá permaneceram, mas não registrou nenhuma melhora, nenhuma cura. Antes de concluir que em Lourdes não acontecia nada daquilo que diziam, o Dr. Goret decidiu repetir a experiência em 1921. Visitou 35 doentes graves que estavam para partir, examinou-os um por um e colecionou todos os dados e atestados sobre as suas doenças. Entre esses 35 doentes estava Emília Cailleux.

Em 18 de agosto, Emília chegou a Lourdes. No dia seguinte, foi transportada até a gruta, onde ficou algum tempo em oração. Num dado momento, ela se levantou e começou a andar sozinha. Estava curada.

Na Comissão Médica, ela pediu aos médicos que a examinassem e retirassem o gesso. Entre eles estava justamente o Dr. Goret. Ele sorriu, incrédulo, porque sabia que a doente estava com o mal de Pott – uma tuberculose óssea na coluna vertebral

– em plena evolução. Mas Emília dizia que as dores tinham desaparecido e que ela já havia recuperado a flexibilidade nas costas.

Depois de um exame completo, os médicos ficaram estupefatos ao verificar que não havia mais nenhum bacilo de Koch na paciente. Seus reflexos e seu pulso estavam normais e sua corcunda havia se endireitado entre o segundo e o quarto dia após a visita à gruta.

Clinicamente, Emília estava curada. Mas o Dr. Goret ainda recusava admitir a verdade. Durante vários meses ele seguiu examinando a paciente. Por fim, vendo que não havia nenhuma recaída e convencido de que Emília havia sido de fato curada no intervalo de alguns segundos, durante suas orações na gruta de Lourdes, o doutor não duvidou em publicar uma tese sobre a sua experiência, que ficou famosa no meio médico da época. Depois, tomou uma decisão radical: entrou na Ordem da Assunção, tornando-se um religioso.[10]

O soldado Jack

No dia 8 de outubro de 1914, durante a Primeira Guerra Mundial, chegavam a Dunquerque, no norte da França, várias ambulâncias cheias de soldados mortos e feridos. Em uma delas agonizava um jovem de 24 anos.

Um médico inclinou-se sobre sua maca para verificar se estava vivo. Tomou o pulso do ferido e manteve-o entre seus dedos por um tempo bem maior do que o de costume. Depois, erguendo-se, disse:

– Este ainda está vivo! Deve ser operado com urgência.

O enfermeiro identificou o nome do soldado: Jack Traynor.

---

[10] Cf. Michel Agnellet. *Op. cit.*, p. 98ss.

Jack foi operado, mas permaneceu inconsciente por muito tempo. Voltou a si somente cinco semanas mais tarde. Um estilhaço de obus lhe havia penetrado profundamente na cabeça. Por isso, os médicos estavam preocupados com as consequências funestas que a operação poderia trazer. Mas o doente se restabeleceu rapidamente e pediu que fosse novamente enviado para a frente de batalha.

Em agosto de 1915, foi admitido no Corpo Expedicionário de Dardanelos e participou do assalto à fortaleza de Sebdul-Bar. No auge da batalha, viu o corpo de um oficial estendido como morto no chão. Deu um salto, saiu da trincheira e foi em disparada até o corpo do oficial, em meio às balas que passavam assobiando rente ao seu capacete. Uma rajada de metralhadora o atingiu. Seu corpo ficou estendido na areia, ao lado do corpo do oficial. Crivado de balas, com o sangue quase todo perdido pelos ferimentos, o valente soldado só foi atendido na entrada da noite, por soldados que se aproveitaram de alguns instantes de trégua nos combates para recolhê-lo numa padiola.

Uma vez mais foi conduzido à enfermaria como morto. E uma vez mais foi salvo na última hora pelo bisturi de um cirurgião audacioso que o operou com os recursos que tinha em mãos. Mas, desta vez, Jack podia ser considerado como perdido, pois duas balas lhe haviam perfurado o peito, raspando o coração e atravessando os pulmões, enquanto que uma terceira lhe havia atravessado os ombros e recortado o feixe de nervos que comanda os movimentos do braço.

No hospital de Alexandria, para onde foi transportado com infinita precaução, Jack foi atendido pelo Dr. Frederico Treves, médico pessoal do rei Eduardo VII, que tentou reconstituir os nervos destruídos para evitar a paralisia do braço direito.

Mas a tentativa foi totalmente frustrada e o soldado Jack teve de embarcar no navio-hospital "Gurka" com destino à Inglaterra. No segundo dia de viagem, o major Ross fez-lhe uma visita e, com palavras convincentes, conseguiu que ele aceitasse ser submetido a uma outra cirurgia, que foi realizada no próprio navio. Mas, como a primeira, esta também não teve nenhum efeito.

Chegou à Inglaterra no dia 2 de setembro. Algum tempo depois, foi submetido a uma terceira cirurgia, também sem resultados. Essas intervenções cirúrgicas repetidas acabaram por enfraquecê-lo física e moralmente. Perdeu muito peso e frequentemente, durante a noite, acordava com dores de cabeça horríveis. Uma vez, no hospital militar de Portsmouth, as dores foram tão intensas que ele começou a urrar como um demente, contorcendo-se de dor na cama e rasgando os lençóis. Depois, perdeu subitamente a consciência. Quando voltou a si, estava amarrado com uma camisa-de-força. Os médicos concluíram que sua doença prolongada estava descambando para um início de epilepsia. Falou-se, então, em amputar-lhe o braço direito, sob o pretexto de que fosse ele o culpado pela síndrome epiléptica.

Jack Traynor não queria ouvir falar de amputação. Entre as crises que se tornavam cada vez mais frequentes, ele protestava com veemência contra os médicos que queriam privá-lo do braço. Nas horas de lucidez, repetia:

— Não quero ficar sem o braço. Eu esperarei sempre... porque sei que um dia vou sarar de todos os meus sofrimentos.

Quatro anos após o término da grande guerra, Jack parecia um esqueleto, um trapo humano. Seu braço estava totalmente paralisado. Seu corpo era frequentemente agitado pelas crises de epilepsia. Felizmente, sua consciência estava lúcida. E quando alguns médicos, seus amigos de tantos anos de sofrimento, propuseram-lhe uma nova cirurgia, Jack os ouviu com grande interesse.

— Eu penso, disse-lhe um médico, que suas crises são consequências de um traumatismo craniano. Você se lembra da ferida que tinha na cabeça? Eu gostaria de tentar mais uma vez o impossível... Deixe-me fazer isto por você.

Jack Traynor aceitou. A operação do crânio foi realizada. E foi uma coisa dramática: a cirurgia não trouxe nenhuma melhora nas crises epilépticas e, ainda por cima, deixou uma abertura no crânio que não cicatrizava. Foi, então, necessário fixar uma placa metálica nos ossos do crânio.

Em julho de 1923, Jack Traynor foi declarado oficialmente como inválido de guerra. Deveria ser transferido para o asilo dos incuráveis de Mossley Hill. A transferência foi marcada para o dia 24 de julho. O médico-chefe do asilo ficou esperando a chegada do seu novo paciente. Mas as horas foram passando e Jack não chegava. E, de fato, não chegou naquele dia. E não chegaria nunca...

Naquele dia, Jack, não dando ouvidos aos conselhos e às advertências dos médicos e dos parentes, tomou o caminho para Lourdes com a peregrinação que partia de Liverpool. Era uma viagem de 1.600 quilômetros. A todos que lhe diziam que era uma loucura, que era muito perigoso, que ele estava arriscando a sua vida, que iria perder a sua pensão de inválido de guerra, Jack escutava com educação, mas aquelas palavras entravam por um ouvido e saíam por outro. Ele estava mesmo decidido. Pediu à sua mulher que empurrasse a cadeira de rodas até uma loja de calçados da esquina. Lá escolheu um belo par de botinas, ele que fazia sete anos que não punha um pé no chão! Depois disse ao vendedor:

— Daqui a alguns dias, talvez, eu venha ver você com essas botas nos meus pés... sem dúvida para trocar a sola!

Depois, em voz baixa para que sua mulher não ouvisse, acrescentou:

— Ou, quem sabe, você não me verá nunca mais!

A viagem foi um pesadelo. Por três vezes tentaram desembarcá-lo, pois parecia estar morrendo. Mas não havia hospital onde paravam e assim o doente continuou a viagem até o fim.

A peregrinação chegou a Lourdes no dia 22 de julho de 1923. Durante os dias em que lá permaneceu, Jack esteve muito mal, com várias hemorragias e ataques epilépticos. Foi internado no Hospital Asilo e mantido por sedativos.

O próprio presidente da Comissão Médica de Lourdes, o Dr. Vallet, foi quem lhe deu permissão de tomar os banhos na piscina. Quando estava sendo transportado para um dos banhos, sofreu um forte ataque epiléptico. Ele mesmo descreveu depois:

– Senti algo arrebentar em meu peito, e o sangue escorreu livremente de minha boca. Os médicos de plantão ficaram muito assustados quando me aproximei e imediatamente recusaram deixar-me ir ao banho, dizendo que eu certamente iria sucumbir. Insisti em ser levado, brecando minha cadeira de rodas com minha mão (esquerda) usável e recusando mudar de atitude.

Os médicos, enfim, cederam à tamanha teimosia e o deixaram prosseguir. Ao entrar na piscina, ele se retorceu de dor ao contato com a água gelada. Os enfermeiros e os carregadores, já advertidos de que o doente sofria de epilepsia, pensaram que se tratava de uma crise. Retiram-no da água e levaram-no de maca para a praça, na frente da igreja do Rosário, para esperar a procissão.

O arcebispo de Reims carregava o Santíssimo Sacramento, no final da procissão. Quando chegou em frente a Jack, fez o sinal-da-cruz com a custódia e seguiu para o próximo doente. Nesse momento, Jack sentiu alguma coisa estranha. Ele mesmo conta:

– Percebi que uma grande transformação tinha operado em mim. Meu braço direito, que estava inerte desde 1915, foi violentamente agitado. Rompi as ataduras e livrei o braço.

E, na manhã seguinte... O próprio Jack contou o que aconteceu:

– De manhã cedo eu saltei da minha cama. Lavei-me, fiz a barba sozinho e saí do hospital com os meus dois pés! Todos os que eu cumprimentava, estendendo a mão, recuavam como se estivessem vendo um fantasma!

Jack estava curado. Chegando de volta a Liverpool, suas primeiras visitas foram aos três médicos que lhe haviam dado os certificados de invalidez. Eles o examinaram minuciosamente e chegaram às seguintes conclusões:

> Não há mais nenhum traço de epilepsia ou de paralisia. Seu braço direito não apresenta mais atrofia. Os músculos peitorais e escapulares estão inteiramente restaurados... Ele pode usar normalmente sua mão direita, e a única cicatriz que existe na cabeça é uma leve depressão do osso que se pode notar ao passar o dedo.

A historiadora Ruth Cranston comenta:

> A parte mais surpreendente do restabelecimento foi provavelmente a instantaneidade da cura do braço direito. Os nervos daquele braço tinham estado rompidos por oito anos. Quatro operações cirúrgicas tinham revelado que eles estavam verdadeiramente rompidos e tinham falhado em uni-los... Um feito que a cirurgia especializada por quatro vezes falhou em conseguir, e um processo que requeria meses de restauração gradual foi conseguido instantaneamente durante aquele momento feliz, quando o Santíssimo Sacramento foi erguido sobre Jack Traynor em Lourdes.[11]

Jack Traynor tinha quatro filhos. Depois da cura, teve mais dois. Montou uma empresa de transporte de carvão, que ele mesmo dirigia. Não hesitava em carregar nas costas os sacos de carvão que pesavam 50 quilos ou mais.

O Dr. Vallet, que testemunhou a cura, fez este comentário:

– Onde se viu alguma vez, em medicina e cirurgia natural, tal regeneração instantânea dos segmentos nervosos saídos da ferida, sua elongação evidente e sua ligação súbita, o retorno

---

[11] Ruth Cranston. *Op. cit.*, p. 126.

normal do influxo nervoso e a reparação ultra-rápida do osso parietal direito, fechando a abertura da cirurgia?

Jack morreu em 1943, de pneumonia, depois de ter sido, durante vinte anos, um dos mais devotos e dos mais robustos carregadores de macas de Lourdes, nos dias de peregrinação.[12]

A professora Elisabete

Elisabete Delot era uma professora de um colégio feminino, em Bolonha. Em 1924, com aproximadamente 50 anos, ela queixou-se ao Dr. Vallois de dores no estômago. O médico não deu muita atenção, julgando que a moça estivesse com problema de azia estomacal e receitou-lhe um antiácido.

Mas durante as férias de 1925 Elisabete piorou, as dores no estômago aumentaram, e ela começou a perder peso rapidamente. O médico verificou hemorragias internas e uma anemia muito séria.

Em novembro do mesmo ano, a professora teve de abandonar a escola. Uma radiografia feita pelo Dr. Cherfils revelou que havia um câncer localizado no piloro, a passagem que liga o estômago ao duodeno. O estado da doente era tão precário que o doutor hesitou em fazer a operação. Nenhum alimento era aceito no estômago, e a pressão arterial estava muito baixa. Então, o Dr. Houzel de Bolonha foi convocado. Ele tentou uma intervenção cirúrgica arriscada: fez um orifício no estômago e outro em uma dobra do intestino, e costurou as duas "bocas" artificiais. O piloro e o duodeno ficariam sem função, e os alimentos passariam diretamente do estômago aos intestinos.

Mas o câncer seguiu sua marcha inexorável no organismo: do piloro passou para a cicatriz da operação, depois para o fíga-

---

[12] Cf. Michel Agnellet. *Op. cit.*, p. 103s. Ruth Cranston. *Op. cit.*, p. 119s.

do. E a doença generalizou-se. O fígado não funcionava mais e o estômago não aceitava nem o mais leve alimento. A professora era um esqueleto ambulante. Era sustentada por meio de soro, e as dores violentas eram amenizadas com injeções de morfina.

Vendo-se perdida, Elisabete pediu a permissão de ir até Lourdes. O Dr. Vallois, considerando aquele pedido como sendo o último desejo da paciente, concordou, embora tivesse a certeza de que nunca mais iria vê-la viva.

No dia 30 de julho de 1926, ela chegou a Lourdes, quase inconsciente, após uma penosa viagem de 1.200 quilômetros. Depois de uma noite dolorosa no hotel, Elisabete pediu para ser levada até as piscinas. Os médicos da Comissão Médica hesitaram em dar-lhe a autorização, tão grave era seu estado de saúde. Por fim, concederam a permissão para um só banho.

Na água da piscina, Elisabete teve algumas convulsões. Mais tarde ela explicou que sentiu "uma dor intolerável – uma terrível queimadura e punhaladas no estômago e abdome – como se eles a estivessem segurando sob as pancadas de um martelo infernal". Mas, quando saiu da água, a agonia cedeu lugar a uma estranha sensação de bem-estar, como ela mesma disse:

– De repente, eu senti um bem-estar absoluto, como se nunca tivesse estado doente. E compreendi que estava sendo curada pela Virgem...

De volta ao hotel, ela sentiu forte apetite e pediu para tomar a refeição junto com os outros hóspedes. E, maravilhada, percebeu que o estômago estava aceitando bem o alimento. E não só isto: o alimento foi também digerido normalmente. O mesmo aconteceu com a sopa da noite.

No dia seguinte continuou com bom apetite e não sentiu nada, a não ser uma renovação de forças. O intestino funcionava normalmente.

Os médicos da Comissão Médica, mais uma vez, fizeram o registro de "alguma coisa" que escapava aos seus conhecimentos. Pois não sabiam explicar como o estado da jovem professora havia se tornado absolutamente normal.

Chegando de volta a Bolonha, foi examinada pelo Dr. Cherfils, que pediu um raio X. Ao ver a chapa radiográfica, o doutor ficou espantado: não havia mais o mínimo vestígio de câncer e, o que era mais surpreendente, aquela operação do Dr. Houzel, ligando o estômago ao intestino, havia sido totalmente desfeita! O Dr. Houzel verificou que o bolo alimentar tinha encontrado o seu caminho normal: descia pelo esôfago, atravessava o estômago, passava pelo piloro totalmente restaurado e atingia o intestino, como se o "curto-circuito" da operação nunca tivesse sido praticado. O fígado estava perfeito e todos os focos cancerosos haviam desaparecido.

No ano seguinte, ela voltou a Lourdes para ser novamente examinada pela Comissão Médica. Após cautelosa investigação, dezoito médicos deram a seguinte opinião unânime:

> Na ocasião de sua primeira vinda a Lourdes, a senhorita Delot sofria de um tumor maligno no piloro com extensão até a boca operada da passagem gastrintestinal; extensão da moléstia para o fígado. Houve uma cura incontestável, provada pelo desaparecimento do tumor, o restabelecimento de completa saúde (aumento de peso de oito quilos), o perfeito funcionamento do piloro, fígado, intestino e à prova do tempo. Esta cura repentina não pode ser atribuída a processos normais. Vai além dos limites de nossos conhecimentos.

Desde sua cura, a professora não teve mais problema de saúde, como ela mesma atesta:

– Desde esse dia (em que saí da piscina curada) esqueci-me completamente do que é sofrer do estômago. Digiro qualquer alimento.

Em outubro de 1929, onze meses após ter sido dispensada "para sempre" por causa da doença, Elisabete voltou a lecionar, cheia de vida e de entusiasmo. Morreu em 1942, sem nunca mais ter sofrido uma recaída de câncer.[13]

Essa é uma cura que deixa os médicos espantados. Erro de diagnóstico? Impossível, pois a doença foi perfeitamente comprovada e documentada. Um caso de autossugestão? Impossível, pois a autossugestão não consegue corrigir uma operação e restaurar o estado anterior do doente, nem fazer sumir as células cancerosas em questão de minutos.

O câncer do tamanho de um melão

No mesmo ano de 1926, aconteceu em Lourdes uma outra cura extraordinária.

Exatamente três semanas após a cura de Elisabete, chegava a Lourdes a senhora Agostinha Augault, de 49 anos, conhecida afetuosamente em sua terra como "mãe Augault". Um tumor maligno havia invadido todo o seu abdome, comprimindo o coração, as vísceras e as artérias. O alimento não passava mais e era devolvido. Os médicos desistiram de operá-la e os parentes estavam resignados, esperando a hora fatal. Não havia mais o que fazer, senão amenizar as suas dores e estimular o coração com injeções de óleo canforado, e mantê-la um pouco mais em vida através de soro de glicose.

Agostinha pesava apenas 40 quilos. As primeiras síncopes apareceram no fim de 1925. No ano seguinte, elas continuaram cada vez com mais frequência, algumas com duração de três ou quatro horas.

Nesse estado lastimável, Agostinha, cuja consciência ainda se conservava lúcida, começou a alimentar a ideia de ir em pe-

---

[13] Cf. Ruth Cranston. *Op. cit.*, p. 101ss. Michel Agnellet. *Op. cit.*, p. 111ss.

regrinação a Lourdes. Primeiro, falou com os amigos, porque não tinha coragem de pedir permissão aos médicos. Mas o Dr. Faligant ficou sabendo do desejo da doente e irritou-se, dizendo que era uma loucura e que ele retiraria toda a sua responsabilidade sobre a paciente se ela fosse levada para qualquer um outro lugar da França! E escreveu um atestado médico (que hoje nos é muito precioso), no qual afirmava que o estado geral da doente era muito mau e que sua anemia era "extrema".

A viagem a Lourdes parecia, de fato, ser fatal à moribunda. Chegou à cidade no dia 20 de agosto, à tarde. E teve uma crise violenta, que parecia ser a última. Mas, na manhã do dia seguinte, teve ainda força de pedir para ser levada à piscina da gruta. Quando a introduziram na água, sentiu uma dor terrível e entrou em agonia.

Iria ela morrer na água gelada da piscina? Os carregadores assim pensaram, por alguns instantes. Levada às pressas para o hospital, parecia quase morta.

Mas, um pouco mais tarde, saiu daquele torpor profundo e pediu para ser levada ao pátio da Basílica para assistir à passagem do Santíssimo Sacramento. Desta vez, os médicos e enfermeiros se opuseram energicamente, e os carregadores foram dispensados. Então, Agostinha se pôs a chorar.

Dois homens assistiram a essa cena comovente. Eram o príncipe de Béarn e o tenente Cellerier. Sem dizer nada à doente, trouxeram um carregador e lhe fizeram sinais de que iriam transportá-la ao pátio da Basílica. Mas a pobre mulher não compreendia mais nada, estava quase morta. Quando chegou ao pátio, estava inconsciente. Não viu o Santíssimo Sacramento passar diante dela. Mas de repente... Eis o que ela contou mais tarde:

– De repente, meus sofrimentos sumiram, abri os olhos, um bem-estar indescritível me invadiu, eu estava curada!

Agostinha só deixou a maca quando chegou ao hospital. Com grande dificuldade, pois suas articulações estavam "enferrujadas", ela pôs um pé no chão, depois o outro e estendeu as pernas. Ficou de pé, deu alguns passos, depois se dirigiu ao refeitório onde tomou sua refeição.

No dia seguinte, 22 de agosto, de manhã, ela foi à gruta e, em seguida, à Comissão Médica de Lourdes, onde a esperavam 35 médicos. Depois de uma bateria interminável de exames, chegou mais um médico que, até então, não escondia a sua incredulidade a respeito dos "milagres" de Lourdes. Era o Dr. Juge, de Marselha, um ginecologista muito conhecido. Primeiro, ele pede todos os certificados médicos referentes à paciente. Depois, examina-a minuciosamente e verifica seu peso: 35 quilos (ela estava com 49 anos). Ficou espantado com sua fraqueza extrema, que contrastava com a sua moral elevada e com seu rosto iluminado por uma alegria radiante. Ficou mais espantado ainda quando, com os certificados médicos nas mãos, descobriu que o tumor, descrito nos certificados como "do tamanho de um melão, invadindo a cavidade abdominal e comprimindo o diafragma", estava agora menor do que uma laranja.

O presidente da Comissão Médica de Lourdes concluiu o relato sobre o caso:

> A cura da senhora Augault, instantânea e sem convalescença como relatada acima, surpreendeu alguns de nossos colegas que a observaram. No dia seguinte à sua cura, 23 de agosto, ela comeu sem inconveniência a dieta regular servida na mesa comum do hospital, subiu sem fadiga os íngremes degraus da igreja do Rosário e a árdua encosta do Caminho do Calvário (a Via-Sacra)... A opinião dos médicos presentes é que tal cura não se encadeia no que estamos acostumados a observar em nossa habitual prática médica e está definitivamente fora dos limites das leis biológicas – isto quer dizer que não pode ser atribuída a processos naturais.

Agostinha Augault, que havia chegado quase morta a Lourdes, acompanhou, agora bem viva e alegre, todas as cerimônias religiosas da peregrinação. Alguns dias depois, tomou o trem de volta para casa.

A cura de Agostinha teve várias consequências interessantes. No dia 10 de setembro do mesmo ano, o Dr. Juge, o incrédulo, foi novamente examiná-la em sua casa na cidade de Craon. Ficou, então, completamente convencido da cura milagrosa. Na peregrinação do ano seguinte, ele disse ao padre Belleney:

– Padre, se alguém lhe perguntar se é verdade que eu comungo todos os dias, responda que é verdade, porque eu vi e apalpei com os meus próprios dedos um milagre eucarístico.

Outro fato aconteceu com um vizinho, um livre pensador, também incrédulo, que havia dito que queria prender todos os padres que tinham aconselhado a ida de Agostinha a Lourdes. Quando ela chegou de volta, o senhor Guitoneau estava lá na estação, em pé na plataforma. Entre os dois houve, então, o seguinte diálogo:

– A senhora está curada?
– Você não está vendo?
– Então, eu estou frito!...
– Mas por quê?
– Porque eu jurei que, se a senhora fosse curada, eu creria!

E o homem cumpriu sua palavra. Começou a frequentar a igreja e fez a sua Primeira Comunhão no dia 8 de dezembro de 1926.

Outro caso: em Craon, cidade de Agostinha, trabalhava na agência dos Correios a jovem Gabrielle Marechal, cética e incrédula. Quando recebeu o telegrama de Lourdes anunciando a cura de Agostinha, exclamou:

– A mãe Augault curada!... Mentira!

Alguns dias depois, a miraculada apareceu diante dela, radiante de alegria e de saúde. O choque foi tão grande que causou uma reviravolta na vida de Gabrielle: tornou-se religiosa num convento de Tréguier.

Agostinha, curada em 1926, faleceu em 1942, de pneumonia.[14]

A cura da meningite

Francisco Pascal era um belo menino francês, nascido no dia 2 de outubro de 1934. Era a alegria da casa. Ninguém imaginava o sofrimento terrível pelo qual ele haveria de passar.

Alguns dias antes do Natal de 1937, Francisco, então com três anos, começou a chorar de dor sem saber dizer onde e como sofria. Sua mãe colocou-o no berço e mediu a temperatura: 38 graus. Seria talvez uma gripe ou algum problema gástrico. Mas a febre não cedia. Além disso, começou a ter vômitos frequentes. Três dias depois, seu corpo era percorrido por arrepios e começou a enrijecer-se. A mãe consultou o médico.

O Dr. Dardé e o Dr. Julian confirmaram: o menino estava com meningite aguda.

Desde então, a temperatura não cessava de subir, atingindo os 40 graus. Teve de ficar confinado no seu pequeno quarto, sem luz, pois ele não podia suportá-la, por causa da forte dor que lhe causava na vista. A paralisia já era quase total.

Mas, felizmente, a doença deu uma trégua. A febre, depois de permanecer elevada durante um mês, caiu no mês de fevereiro de 1938. Em março, foi feita uma punção lombar para exame

---

[14] Cf. D'Erceville. *Op. cit.*, p. 125.

de laboratório, que confirmou a presença de um vírus ainda não identificado naquele tempo, mas cuja ação havia sido anulada pelos medicamentos. A meningite podia estar curada, mas ficaram as sequelas terríveis e praticamente irreversíveis, isto é, incuráveis: Francisco estava paralítico e cego pelo resto de seus dias. Passando uma vela acesa diante dos seus olhos, ele não a seguia nem sequer percebia a sua claridade. O Dr. Dardé, que cuidou dele durante quatro anos, emitiu um certificado, em agosto de 1938, dizendo que Francisco sofria as consequências de meningite, com paralisia dos membros inferiores e cegueira absoluta, e que essas lesões se achavam num estado estacionário e não eram influenciadas por nenhum tratamento.

No dia 13 de agosto, Francisco foi levado a Lourdes, acompanhado também pelo Dr. Dardé. Sua mãe o levou até a piscina para o primeiro banho. Ao ser mergulhado na água, Francisco começou a gritar e a ter convulsões, como no tempo de sua meningite. Por isso, a mãe resolveu não lhe dar um novo banho no dia seguinte. Dois dias depois, ela voltou com o filho à piscina e viu, com alegria, que desta vez ele não teve nenhuma reação ao ser colocado na água. Saindo da piscina e depois de bem massageado, ele pediu à mãe que o levasse nos braços até a Basílica. E foi lá, quando a mãe começava a subir a rampa que leva à igreja, que Francisco, apontando o dedo para um carrinho de três rodas empurrado por uma moça, exclamou rindo:

– Veja, mãe! Veja lá a moça empurrando o carrinho!

A senhora Pascal não acreditou no que tinha ouvido. Seguiu o seu caminho e foi diretamente para o altar, onde ficou mergulhada em suas orações. Depois, com o coração disparado, louca de vontade de acreditar no que estava acontecendo, ela voltou a ver o Dr. Leuret, presidente da Comissão Médica. Francisco não cessava de descrever tudo o que "via" ou imaginava ver. Depois de examiná-lo, o doutor disse:

– É verdade, senhora, o seu filho começou a perceber a luz.

Sem dúvida, as imagens que os olhos de Francisco perceberam naquele dia eram apenas manchas luminosas. Mas ele já distinguia os contornos dos objetos que lhe eram apresentados e podia até descrever alguns de seus detalhes. E sua visão, de então em diante, foi melhorando cada vez mais. Três meses mais tarde, a cura da cegueira era total e definitiva.

Mas a paralisia continuava. Iria também ela desaparecer?

Certa manhã, Francisco pediu:

— Eu quero andar como os outros!

Sua mãe levantou-o, endireitou-o sobre suas pernas e, pela segunda vez na vida, guiou os "primeiros" passos do filho. Depois, ela experimentou largá-lo. Rompeu em soluços quando viu o paralítico atravessar o quarto, cambaleando como um passarinho recém-saído do ovo!

A primeira coisa que a senhora Pascal fez foi levar o filho ao Dr. Dardé. Eis como o doutor descreveu essa visita emocionante:

"A senhora Pascal trouxe-me o filho pela mão e andando. Eu verifiquei o desaparecimento da paralisia e o retorno da visão. Seu andar era normal, apenas com um leve grau de vacilação".

O Dr. Vallet, presidente da Comissão Médica de Lourdes, escreveu no relatório sobre o caso: "Paciente reexaminado em 1947. Esta criança está com saúde perfeita. Visão normal. Andar normal. Reflexos normais".

A cura de Francisco Pascal foi declarada milagrosa pelo arcebispo de Aix, em maio de 1949.[15]

---

[15] Cf. Michel Agnellet. *Op. cit.*, p. 131.

A cura durante a Missa

Na cidade argelina de Oran vivia a senhora Gabriela Clauzel. No começo de 1936, ela começou a sentir dores confusas, espalhadas pelo corpo, acompanhadas de febre. Depois, teve de ser internada durante 17 dias por causa do surgimento de um tumor doloroso. Foi operada em abril e em novembro de 1937. Mas essas intervenções cirúrgicas deixaram a doente ainda mais fraca. Em novembro do mesmo ano, seu médico diagnosticou a primeira crise de reumatismo articular agudo: o punho esquerdo estava muito inchado e extremamente doloroso. Foi a primeira manifestação da doença, que iria conduzi-la às portas da morte.

A crise de reumatismo, primeiro localizada no braço esquerdo, ganhou em seguida as outras articulações e invadiu a coluna vertebral. Em março de 1938, sentiu dores atrozes na região do ventre. Suspeitando de apendicite, o médico decidiu operá-la. Mas não era apendicite. A origem das dores era outra. Uma radiografia descobriu que a coluna vertebral estava toda atingida pelo reumatismo infeccioso. O mal foi agravando-se e Gabriela mal podia ficar em pé. Depois, também não conseguia ficar sentada. Seu corpo se curvou para frente, a coluna ficou paralisada pela dor intensa e ela não conseguia mais levantar a cabeça. Isto a fez queixar-se, dizendo:

– Tenho a impressão de estar rastejando, e não andando.

Gabriela conheceu um verdadeiro calvário. Em janeiro de 1939, as dores eram tão atrozes que foi obrigada a ficar de cama. Em março, tirou nova radiografia que revelou um estado impressionante: quase todas as vértebras estavam atacadas e com lesões. Ao longo da espinha dorsal apareceram várias saliências externas dos ossos, também conhecidas como "bicos de papagaio". Essas saliências são as manifestações clássicas do reumatismo e são muito graves, porque os calos formados ao redor dos ossos da espinha dorsal comprimem os gânglios raquidianos. E isto causa uma dor aguda e insuportável.

A doença foi agravando-se, até que sobreveio a paralisia.

Mas em agosto de 1939, houve uma leve melhora. Gabriela decidiu, então, participar de uma peregrinação a Lourdes, embora não conseguisse nem sequer se levantar. Foi levada várias vezes às piscinas da fonte de Massabielle e tomou diversos banhos. Mas sem nenhum resultado. No entanto, conduzida em um carrinho cedido pelo hospital, ela assistiu a todas as cerimônias religiosas da peregrinação.

Chegando de volta à sua cidade, ela declarou que se sentia um pouco melhor. De fato, todos os que conviviam com ela acharam-na mais viva, mais alegre, mais cheia de otimismo. Seus médicos, porém, não compartilhavam dessa opinião, pois as radiografias, em vez de revelar uma melhora, acusavam um agravamento do mal. As lesões dos ossos estavam em plena evolução.

Em janeiro de 1940, Gabriela teve uma forte recaída. A doença agravou-se muito, com crises frequentes e mal definidas. Todos os seus órgãos foram atingidos, um após o outro. A fim de evitar uma crise nos rins, foi colocada uma sonda na bexiga, para facilitar o escoamento da urina. Aos poucos, o fígado e os intestinos foram também paralisando suas funções.

Em 1941, Gabriela pediu aos médicos que lhe retirassem alguns dos "bicos de papagaio" que a incomodavam demais. Mas a operação não lhe trouxe nenhum alívio. Em 1943, foram tentadas novas intervenções cirúrgicas, mas o estado geral da doente não melhorou nada.

Confinada em seu leito, ela conseguia levar a vida à custa de sedativos e calmantes. Os problemas digestivos foram acentuando-se cada vez mais. Já não tinha mais nenhum apetite para se alimentar. Seu estômago não mais aceitava qualquer alimento e ela conseguia sobreviver somente a base de soro de glicose e de uma leve dose de insulina. Não pesava mais que 36 quilos.

Em julho de 1943, Gabriela fez um pedido: queria ser levada ao campo. Seus parentes chegaram a uma conclusão: o fim dela seria, de fato, menos penoso em um ambiente campestre, rodeada de verde e de ar puro, bem melhor do que na cidade. O desejo foi-lhe concedido, como se fosse o último de sua vida.

No dia 11 de agosto, sobreveio-lhe uma síncope violenta e o Dr. Pamart foi chamado às pressas. Depois de examinar a doente, o médico comunicou aos parentes que o caso era grave e que o desenlace final poderia chegar a qualquer instante.

Na manhã do dia 15, ela se lembrou de que era o dia do seu aniversário e, não só isso, era o dia da festa da Assunção de Nossa Senhora, dia especial para as peregrinações a Lourdes. Teve, então, um grande desejo de ir até a igreja. Sua insistência foi tanta que os parentes fizeram a sua vontade. Mais tarde, ela confessou:

– Eu pensava que aquela missa seria a última que iria assistir e que eu logo teria de abandonar tudo...

A missa durou uma hora e meia. Gabriela assistiu deitada em sua maca. Seus lábios murmuraram algumas orações, depois se calaram. Entre a elevação da Hóstia e a Comunhão, a moribunda teve um tipo de agitação estranha. Pediu, então, para receber a Comunhão e, de repente, para espanto de todos, manifestou o desejo de se levantar! Mais tarde, ela contou:

– Repentinamente, no meio da cerimônia, tive uma sensação de profundo bem-estar, não de agitação, mas de uma força maravilhosa agindo dentro de mim, renovando-me inteiramente. Sabia que estava curada.

Depois da missa, ela disse ao irmão:

– Estou curada. Ajude-me a levantar.

Mas o irmão não acreditou e quis levá-la para casa na maca. Mas ela insistiu que queria levantar-se. Então, o seu irmão e o Dr. Zimmermann, que estava presente, ajudaram-na a levantar-se da maca. Estando em pé, ela disse calmamente:

– Deixem-me ir agora. Eu posso andar.

E ela andou, ela que não pisava no chão durante três anos. E foi andando até o altar e fez uma oração de agradecimento.

Foi levada de volta, carregada na maca. Mas logo que entrou em casa, levantou-se, tomou várias xícaras de café com leite e pão com manteiga. Depois almoçou. E que almoço! Presunto, patê, três costeletas, verduras e uma fatia de bolo – ela que mal comia qualquer coisa durante meses. Seu apetite parecia insaciável. No jantar, repetiu a dose...

A cura instantânea confirmou-se com o tempo e manteve-se. Gabriela foi ganhando forças e peso, até atingir 58 quilos. Tornou-se uma mulher cheia de vigor, que não recusava nenhum trabalho. Todas as manhãs, ela ia prestar seus serviços em uma clínica importante de sua cidade. E nunca mais se queixou do mal que a atormentou durante tantos anos. O Dr. Vincent é testemunha:

– Nenhum trabalho a assusta. Toda manhã ajuda em uma das grandes clínicas de Oran. Deu duas vezes seu sangue para transfusões urgentes. Não, não pode haver dúvidas da permanência dessa cura.

Dez anos mais tarde ela foi examinada pelo Dr. Leuret. No dia da cura durante a missa, ela pesava 33 quilos. Agora estava pesando 65. O doutor perguntou-lhe:

– E desde então nunca mais sofreu?

– Nunca! Minha saúde tem sido perfeita – nunca uma aflição ou uma dor desde aquele momento maravilhoso, há dez anos. Não houve retardamento nem convalescença, nada! Naquele instante eu estava bem e tenho estado todos os minutos de minha vida desde então.

A historiadora Ruth Cranston faz uma reflexão sobre o caso:

– Como explicar aquela súbita energia e flexibilidade dos membros? Uma hora antes e por muitos meses, ela era incapaz de ficar em pé... Como explicar o fato de tomar aquela refeição que teria "dado fim" a uma pessoa condenada ao jejum por tanto tempo? Todos os distúrbios digestivos de que sofria a senhorita Clauzel, todas as dores que havia padecido desapareceram na mesma ocasião e com a mesma rapidez. Ela teve daí por diante uma vida de mulher sã e ativa.

A cura de Gabriela Clauzel foi declarada milagrosa pelo bispo de Oran, em 18 de março de 1948.[16]

A cura do câncer uterino

Alguns dias antes do Natal de 1945, a senhora Rosa Martin, de 45 anos, começou a sentir dores no baixo ventre, que foram aumentando aos poucos com o tempo. Chegou um momento em que, não agüentando mais, teve de consultar um médico que lhe explicou, em termos velados, que ela estava com um "fibroma maligno". Disse-lhe também o médico que somente uma operação poderia livrá-la do mal e que não havia mais tempo a perder. Na ficha da paciente ele escreveu: "câncer do útero".

Rosa foi operada no dia 19 de fevereiro de 1946, pelo Dr. Fay, de Nice, que confirmou o diagnóstico dos outros médicos: câncer no colo do útero. Para que não houvesse mais nenhuma dúvida, o médico fez uma biópsia e mandou o material para o laboratório. O resultado confirmou o que ele já sabia.

Mas como Rosa tinha deixado passar muito tempo para consultar o médico, o mal já havia avançado e se estendido por todo o organismo. Por isso, seu estado de saúde foi agravando-se cada vez mais. Começou a perder peso rapidamente e, em abril de 1947, sentiu que as dores no ventre tinham voltado. Problemas intestinais graves e evacuações sanguinolentas obrigaram-na a recorrer de novo ao médico.

O Dr. Fay foi chamado. Ao examiná-la, ele descobriu um novo foco cancerígeno, do tamanho de uma laranja, desta vez localizado no reto. Diante do estado praticamente desesperador da doente, ele achou inútil fazer uma biópsia e explicou:

– Qualquer esperança terapêutica está praticamente excluída. Por isso, vamos poupá-la desse sofrimento.

---

[16] Cf. Ruth Cranston. *Op. cit.*, p. 188ss.

Havia fortes suspeitas de que aquela metástase do reto não seria única e que outras vísceras também já estariam atingidas. Rosa Martin estava condenada. E, com a lucidez dos moribundos que sabem que estão perdidos, ficou na espera do pior.

Um dia, porém, ela vislumbrou um pequeno raio de esperança. E agarrou-se com força e resolutamente a ele: pediu para ser levada a Lourdes.

Chegou à cidade de Bernadete no dia 30 de junho de 1947, depois de uma viagem muito penosa. "Seu estado – escreveu o Dr. Strobino, de Nice – era deplorável: fraqueza extrema (ela pesava apenas 35 quilos), estado de subcoma contínuo. A viagem foi suportada graças a numerosas injeções de tranqüilizante".

Rosa Martin parecia um esqueleto movido sob o comando de uma vontade fora do comum. Implorou tanto para ser levada à piscina que, por fim, foi autorizada. Ao contato com a água gelada da gruta, ela perdeu a consciência e assim ficou desacordada por várias horas. Saindo desse estado de coma, na manhã seguinte, ela pediu para ser levada de novo à piscina, porque, disse ela, "estou bem melhor". Mas todos viam que isso não parecia verdade.

O segundo banho foi mais bem suportado que o primeiro. Rosa sentiu uma superexcitação passageira, seguida de um sono profundo.

Na manhã do dia 3 de julho, as primeiras palavras de Rosa Martin foram:

– Hoje eu vou banhar-me na piscina sem o auxílio da maca.

Os enfermeiros sabiam que isto seria absolutamente impossível, devido ao estado da doente que não podia ficar em pé já fazia vários meses.

Mas como tinha pedido e prometido, Rosa Martin, naquele dia, entrou na piscina sem a ajuda de ninguém. Depois do banho, foi levada ao hospital na maca e foi colocada no seu leito por dois enfermeiros. Mas, na tarde daquele mesmo dia, Rosa se levantou sozinha e foi até o banheiro, e conseguiu ter uma evacuação normal, coisa que não acontecia há muitos meses, pois só evacuava com aplicação de lavagem intestinal. Depois voltou ao quarto e disse aos enfermeiros:

– Vocês estão vendo! Eu estou curada! Não sinto mais nenhuma dor.

A Comissão Médica de Lourdes foi imediatamente alertada. Depois dos exames, os médicos comprovaram: o tumor cancerígeno que comprimia o reto havia desaparecido; não se notava nenhum traço de sangue nas fezes; a doente não sentia mais a mínima dor. Os médicos declararam: "A cura foi repentina, instantânea, completa e definitiva".

Rosa Martin voltou a Nice, sua cidade natal, tomada de uma grande euforia. Durante alguns dias ela conservará ainda o seu aspecto esquelético, mas o apetite voltou ao normal e, aos poucos, ela foi recuperando-se. Sua primeira visita foi ao Dr. Fay. Ele não conseguia acreditar. Por várias vezes procurou em vão o tumor maligno e outros males que ele havia encontrado anteriormente na doente. Por fim, convencido da cura, escreveu este testemunho: "Além do desaparecimento dos sinais funcionais, houve também o desaparecimento do tumor retal. Não há mais perdas vaginais nem dores. As fezes são normais e o apetite, acima do normal...".

Aquilo que o próprio Dr. Fay havia tentado conseguir desesperadamente, três banhos nas águas da gruta de Lourdes conseguiram facilmente. Em dez meses, Rosa adquiriu 17 quilos. Voltou à sua vida normal, às vezes estressante, de uma dona-de-casa ativa.

Um ano mais tarde ela terá 25 quilos a mais, e os médicos da Comissão Médica de Lourdes atestarão definitivamente a sua cura completa.[17]

---

[17] Cf. Michel Agnellet. *Op. cit.*, p. 149ss.

Maria Teresa voltou curada

– Ou eu morro, ou eu volto curada.

Foi o que disse Maria Teresa Canin ao embarcar no trem para Lourdes. Naquele dia 6 de outubro de 1947, ela já alimentava uma fé firme de que seria curada, por isso colocou em sua bolsa um par de chinelos que ela não calçava fazia mais de nove meses.

Maria Teresa teve uma infância infeliz. Seu pai e sua mãe morreram de tuberculose. E ela, ainda muito jovem, também contraiu a doença. Aos vinte e seis anos foi internada pela primeira vez num sanatório.

Mas a doença não recuava. Em 1947, a infecção tuberculosa se espalhou e atingiu o peritônio, causando um emagrecimento alarmante na doente. Um tumor apareceu na articulação da bacia, obrigando-a a uma nova internação. Ela passará dez meses com um colete de gesso. Depois de retirado, tinha de ficar estirada sobre um plano duro. Esta longa imobilização forçada trouxe outras complicações: mau funcionamento dos intestinos, peritonite, aumento do ventre etc.

A medicina não podia fazer mais nada para salvá-la. Mas na mente de Maria Teresa estava amadurecendo um projeto: ir a Lourdes para pedir a graça à Virgem. O Dr. Sivan, que tratou dela por vários anos, viu-a partir com a certeza de que não a veria nunca mais. Durante alguns dias ele havia se perguntado se aquela viagem seria de fato oportuna. Sua consciência de médico responsável lhe pedia para se opor, mas sua consciência de homem lhe dizia que devia ceder aos pedidos insistentes da doente, que falava de sua peregrinação a Lourdes com tanta fé, com tanto ardor, que só uma pessoa bem cruel e insensível conseguiria recusar.

Foi no dia 6 de outubro, diante do trem dos peregrinos, que Maria Teresa disse: "Ou eu morro, ou eu volto curada!".

Ela pesava apenas 38 quilos. Chegou a Lourdes em estado de esgotamento extremo e foi logo hospitalizada. Era uma das doentes mais graves que já haviam chegado a Lourdes.

Pois aconteceu que, dois dias depois, ao sair da piscina da água da gruta, ela se sentiu repentinamente tão leve, tão serena, que logo compreendeu que iria ser curada. No dia 9, lá pelas quatro horas, sentiu-se com força para se levantar. Ela, que só ficava deitada havia meses sem poder mexer-se, sentou-se na beirada da cama, inclinou-se para frente, dobrou completamente a coluna, tocou o chão com as mãos, pegou seus chinelos e colocou-os nos pés. E, sem a ajuda de ninguém, levantou-se sobre suas pernas esqueléticas e andou sem dificuldade, apenas amparada pelas enfermeiras espantadas de admiração.

– Era como um cadáver saindo do túmulo, contou uma delas.

No mesmo dia, Maria Teresa se alimentou com apetite e pediu mais um prato de lentilhas.

Na manhã do dia seguinte, seis médicos da Comissão Médica a examinaram e registraram o seguinte: "Numerosas cicatrizes de operações cirúrgicas..., coluna vertebral flexível e sem dor. Reflexos normais. O abdome é normal, flexível, sem dor. Os pulmões são normais. Não há mais fístula vaginal".

Foi uma cura completa, instantânea, inexplicável. Peritonite, osteíte, meningite, tudo desapareceu no espaço de algumas horas.

Maria Teresa permaneceu em Lourdes por mais quatro dias, visitando os doentes e animando-os com palavras de conforto e de esperança.

De volta a Marselha, foi ao consultório do Dr. Sivan, que a examinou demoradamente. Mais tarde, o doutor testemunhou: "Desde aquele dia, segui regularmente Maria Teresa. A cada exame eu verificava a melhora contínua de seu estado geral. Seu peso, que era de 38 quilos no dia 16 de outubro de 1947, chegou a 55 em junho de 1948. Durante esse tempo, Maria Teresa fez um estágio no convento das irmãs da Assunção, onde levava uma vida muito ativa, sem mostrar a menor fadiga, sem nenhuma perturbação psicológica. Um ano após a cura, eu a acompanhei até Lourdes. E no dia 6 de outubro de 1948 ela foi examinada novamente na Comissão Médica. Trinta e três médicos reconheceram a cura da peritonite tuberculosa, sem poder dar uma explicação científica".

Mais tarde, no convento da Assunção, em Lyon, onde se tornou a irmã Maria Francisca da Imaculada, Maria Teresa iria agradecer em suas orações à Senhora da gruta de Massabielle que a havia curado miraculosamente da doença que a medicina, depois de haver tentado até o impossível, não conseguira.[18]

A cura da dançarina

Aos três anos de idade, a austríaca Gertrude Fulda já dançava tão graciosamente que enchia de encanto os seus familiares. Aos dez anos foi convidada a dançar na Ópera de Viena, mas seus pais não consentiram. Aos vinte e três, já era uma dançarina consagrada internacionalmente. Dava espetáculos de balé por toda a parte, juntamente com sua irmã Ruth.

No outono de 1937, as irmãs Fulda chegaram a Milão para uma temporada de recitais. Ruth estava em plena forma e muito animada. Mas Gertrude, não: sentia-se fatigada, abatida e preocupada com uma dor que tinha na região intestinal.

Na noite da grande estreia, o problema se agravou. No momento de entrar em cena, Gertrude escondeu-se nos bastidores do palco retorcendo-se de dor, como se tivesse recebido uma punhalada. O médico que a socorreu disse que ela estava com apendicite aguda.

— É necessário operar já, disse ele.

---

[18] Cf. Philippe Aziz. *Op. cit.*, p. 254.

Na mesa de operação o cirurgião descobriu que havia uma perfuração no intestino e que o peritônio estava muito inflamado. Seria necessário um mês de hospitalização para combater a peritonite.

E lá ficou ela internada durante quatro semanas. Melhorou, saiu do hospital, mas algum tempo depois teve uma recaída. Desta vez, o problema era outro. Os rins estavam afetados, com abscessos que preenchiam toda a região. E em poucos dias se manifestaram os primeiros sintomas da doença de Addison. As glândulas supra-renais já estavam destruídas e a doente ficava privada dos importantes hormônios que essas glândulas fornecem ao organismo. A dançarina estava condenada à morte.

Levada de avião para Viena, foi submetida a duas cirurgias, nos rins e na bexiga. Mas em vão. Seu corpo já havia perdido todo o antigo charme de bailarina. A pele já apresentava manchas bronzeadas, características da doença em estado adiantado. Seus olhos tornaram-se profundos e as órbitas parecendo querer saltar para fora de seu rosto macilento.

Durante sete anos, seus médicos assistentes, Dr. Siedeck e Dr. Erik Kline, professores da Faculdade de Medicina de Viena, tentaram conservá-la viva por meio de injeções de hormônio. Mas o Dr. Erik Kline, examinando-a um dia, achou que o caso estava perdido e comunicou à avó que sua neta não passaria daquele inverno.

Aflita, a avó fez vir de Lourdes um frasco com a água da gruta e levou-o pessoalmente até o quarto da moribunda. Recomendou que ela fizesse frequentes abluções com aquela água milagrosa. Sem acreditar muito, a doente seguiu a recomendação da avó. Mas não houve melhora. A doença não cessava de progredir. O conselho da avó, porém, e a água da gruta fizeram nascer no espírito de Gertrude uma ideia acompanhada de alguma esperança:

– Se a água do frasco não fez efeito, pensou ela, talvez a água fresca da fonte da gruta possa livrar-me deste mal.

Pediu emprestado um livro sobre a história de Bernadete e dos milagres de Lourdes. Leu-o com atenção. E, ao final, tomou a resolução de ir orar na gruta de Massabielle.

Chegou a Lourdes no dia 10 de julho de 1950, em péssimas condições. Foi examinada por diversos médicos que concluíram que seu estado era muito grave. Nos arquivos da Comissão Médica ficou registrado: "Graves perturbações digestivas, anemia acentuada (dois milhões de glóbulos vermelhos), pressão muito baixa (oito por dez), coloração bronzeada característica da pele...".

Por fim, no dia 8 de agosto, Gertrude Fulda, moribunda, foi mergulhada na piscina. Ao sair, sente-se curada e exclama:

– Estou curada. Agora só preciso fazer uma oração de agradecimento à Santa Virgem.

No dia 16 de agosto, a Comissão Médica registrou a cura. Todos os sintomas do mal haviam desaparecido como num passe de mágica. A pele perdera a coloração bronzeada, as dores desapareceram, todas as funções orgânicas voltaram ao normal. E mais: as glândulas supra-renais, destruídas pelos abscessos, estavam regeneradas e funcionando normalmente, lançando na circulação sanguínea os hormônios na dose necessária. Após a cura, nenhuma injeção de hormônio foi aplicada na dançarina.

De volta a Viena, seus médicos examinaram-na e, espantados, verificam a cura completa da doença. O Dr. Kline declarou: "Para mim é uma grande alegria... saber que um caso tão grave e tão desesperado do mal de Addison pôde achar cura em Lourdes, a ponto de permitir a suspensão de qualquer outro tratamento, podendo mesmo a doente empreender uma plena atividade profissional".

Gertrude, no entanto, renunciou à dança.

– Já estou velha para isso, explicava ela.

Empregou-se numa fábrica de blusas, em Viena, onde permanecia em pé durante oito horas por dia diante de uma máquina de tricô.

Em 1954, os médicos da Comissão Médica de Lourdes declararam que a cura da dançarina era totalmente inexplicável pela ciência médica conhecida. O caso, então, foi enviado à Comissão Médica Internacional que, na sessão de 13 de fevereiro de 1955, realizada em Paris, resolveu passá-lo para a autoridade eclesiástica. O cardeal Innitzer, de Viena, depois de ouvir a Comissão Canônica formada para estudar o caso, proclamou miraculosa a cura de Gertrude Fulda, em abril de 1955.[19]

Evásio Ganora

Evásio Ganora, italiano de Casale-Monferrato, de 37 anos e pai de cinco filhos, estava com a doença de Hodgkin – também conhecida como linfogranulomatose malígna – com sinais de gravidade: dois gânglios duros na axila esquerda, fígado e baço com volume exagerado, febre persistente. Depois de ficar internado no hospital de Casale, Evásio foi "restituído" à sua família. Em maio de 1949, o médico Dr. Pietro Capra lhe dá poucos meses de vida. Mas sua hora ainda não havia chegado. Foi submetido a vinte e duas transfusões de sangue que lhe permitiram um prolongamento de vida.

Não muito consciente da gravidade do seu mal, Evásio pediu para ser levado a Lourdes. Quando lá chegou, no dia 30 de maio de 1950, seu estado era desesperador. Foi levado ao Asilo com muito cuidado. Tentou levantar-se, mas caiu, quase em estado de coma.

---

[19] Cf. D'Ereceville. *Op. cit.*, p. 130ss. Michel Agnellet. *Op. cit.*, p. 164ss.

No dia primeiro de junho, pediu tão insistentemente para ser levado até as piscinas que foi atendido. Dentro da água, ele sentiu que "uma corrente muito quente percorria todo o seu corpo". Saindo da piscina, levantou-se sem a ajuda de ninguém e foi a pé até o Asilo onde estava hospedado.

Evásio Ganora estava totalmente curado. Os médicos do Asilo verificaram que a febre havia desaparecido e não encontraram mais gânglios inflamados. Espantados, notaram também que o fígado e o baço estavam perfeitamente normais. "Seu estado geral melhorou tão rapidamente que, no dia seguinte, Evásio Ganora percorreu a pé o caminho da Via-Sacra no morro do Calvário! E no terceiro dia, ele transportava os doentes do Asilo até a gruta, como padioleiro voluntário."

De volta à Itália, Evásio retomou as suas atividades, sem mesmo tirar algum tempo de convalescença, como se nunca tivesse ficado doente.

Depois de passar pelas Comissões Médicas, o caso foi enviado, como de costume, para o bispo da cidade de origem do doente. E em 31 de maio de 1955, a cura de Evásio Ganora foi declarada milagrosa pelo bispo D. Angrisani.

Comentando essa cura, o Dr. Pedro Mauriac, da Faculdade de Medicina de Bordéus, escreveu: "Diante de tais fatos como os estudados aqui, o médico, seja crente ou descrente, só pode dizer: Eu não compreendo. Qualquer que seja a posição filosófica de cada um, o fato de Lourdes permanece".[20]

---

[20] Cf. Michel Agnellet. *Op. cit.*, p. 171ss.

Curada durante a reza do terço

Madalena Carini, italiana natural de Pavia, sofria de tuberculose peritonial, pulmonar e dorsal. Quando tinha 13 anos, o diagnóstico do médico indicava que ela estava com mal de Pott. Aos 16 anos ingressa numa clínica "helioterápica". Depois, permanece em casa até o final da guerra sofrendo não só de peritonite tuberculosa, mas também de anemia profunda.

Em agosto de 1948 parte para Lourdes, sob a responsabilidade dos pais, porque o médico não teve coragem de lhe dar permissão por escrito. Estava tão anêmica que pesava somente 38 quilos.

No dia 15 de agosto, ao rezar o terço diante da gruta, sente uma repentina "sensação de calor", um "formigamento no peito", alguns batimentos no coração" e uma "sensação de bem-estar fora do comum". E na hora da bênção do Santíssimo Sacramento, Madalena se dá conta de que não sentia mais dor. Estava curada.

De volta à Itália, é examinada pelo Dr. Bonizzi, que não encontra mais nada da antiga doença de Madalena. No atestado médico, ele esclarece o seguinte: "Achamo-nos em presença de uma *restitutio ad integrum*, completa e absoluta, de toda a sintomatologia pleuro-pulmonar, circulatória, visceral, ginecológica e óssea".

Os 25 médicos presentes na Comissão Médica de Lourdes, no dia 11 de setembro de 1950, concluem que a cura de Madalena era impossível segundo as leis conhecidas da medicina. E, em 1951, o Comitê Médico Internacional foi do mesmo parecer.

Por fim, só restava o julgamento da Comissão Canônica, nomeada pelo arcebispo de Milão para estudar o caso. O resultado foi a declaração da cura como milagrosa, feita em 1960 pelo cardeal Montini – futuro Papa Paulo VI.

Madalena Carini, agora com plena saúde, dedicou-se a uma obra de caridade chamada "Família da Ave-Maria", que se consagra ao alívio dos sofrimentos morais e físicos.[21]

Curada ao receber a Comunhão

Joana Frétel era uma enfermeira que residia em Rennes, França. Em janeiro de 1938 havia sido operada de apendicite. Mas apareceram problemas e seu estado se agravou. No espaço de oito anos teve de submeter-se a mais onze intervenções cirúrgicas, sendo oito no abdome, uma no maxilar superior e uma em cada pé, divido à osteíte.

No dossiê arquivado junto à Comissão Médica de Lourdes, lê-se o seguinte registro sobre o caso da enfermeira:

"Desde 1940, o professor Alphonse Pellé, da Faculdade de Rennes, fizera o diagnóstico de peritonite tuberculosa. A partir desse ano, ela só se alimentava com soro (via retal). Tão agudos eram os seus sofrimentos que por vezes chegaram a aplicar-lhe cinco injeções por dia: morfina e óleo canforado. A estreptomicina mostrara-se ineficaz, quatro meses antes da cura. Apareceram os sinais de meningite. Havia meses que pus e sangue saíam abundantemente pelas vias naturais, em vômitos e evacuações. As deficiências cardíacas não mais se contavam".

Esse era o quadro terrível da doente antes da cura. Nesse estado de completo aniquilamento, Joana foi levada até Lourdes, onde chegou no dia 4 de outubro de 1948. Ela não percebeu nem a partida, nem a viagem, nem a chegada, pois estava em estado de coma.

---

[21] Cf. J. J.Cavalcante. *Op. cit.*, p. 85. Philippe Aziz. *Op. cit.*, p. 258.

Nos dias 6 e 7 foi levada à gruta e às piscinas, mas não lhe aconteceu coisa alguma. No dia 8, uma sexta-feira, assistiu à missa. O padre hesitou em dar-lhe a comunhão por causa de seus constantes vômitos e extrema fraqueza. Um médico que estava presente conseguiu a permissão que ela comungasse, apesar de estar inconsciente. Foi-lhe depositada na língua uma pequena partícula da hóstia.

Imediatamente recobra a consciência: percebe que está em Lourdes e compreende que deixou de sofrer, que estava curada. Mais tarde ela contou:

— Repentinamente me senti melhor e percebi que estava em Lourdes. Perguntaram-me como me sentia. Eu respondi que me sentia muito bem. Meu abdome estava ainda rijo e inchado, mas eu não sofria mais nada.

Terminada a missa, pede uma xícara de café com leite, ela que não conseguia tomar nada havia tanto tempo. De volta ao hospital, sente muita fome e almoça um belo prato, com grande apetite. E depois de um bom jantar (seu apetite parecia insaciável), passa uma noite excelente.

Foi examinada no dia seguinte pelos médicos da Comissão Médica. Estava totalmente curada. Uma simples hóstia consagrada provocara um efeito extraordinário que a medicina havia tentado conseguir durante vários anos.

Quando voltou para casa e se apresentou no hospital, um médico jovem foi correndo chamar o Dr. Pellé:

— Joana Frétel, disse ele ofegante. É Joana Frétel!
— Pobre moça! Ela está morta? perguntou Pellé.
— Venha ver.

Ao vê-la, o Dr. Pellé ficou mudo. Sentiu um nó na garganta e deixou o quarto, abalado, tentando disfarçar sua emoção. Depois voltou e fez um exame minucioso em Joana. Não achou mais nada daquela doença que, tempos atrás, era um caso perdido.

A Comissão Médica Internacional, para onde o dossiê da doente foi enviado, confirmou:

> A história da enfermidade impressionante, a importância do relatório que compreende trinta folhas de (tomada) de temperatura... a qualidade dos médicos que examinaram a doente, os detalhes meticulosos da observação que são cotidianos no período de abril a outubro de 1948, a recuperação do peso (14 quilos em um ano) devem reter, longamente, a atenção e permitiram concluir por uma cura inexplicável.

Joana voltava a Lourdes todo o ano como enfermeira na peregrinação do Rosário: uma jovem atraente, esbelta e cheia de vida. Seu grande desejo era devotar sua vida inteira ao serviço dos outros doentes, em gratidão pela bênção que ela mesma havia recebido.

Em 20 de novembro de 1950, o cardeal Roques, de Rennes, proclamou o caso de Joana Frétel uma cura milagrosa.[22]

A cura no trem de volta

Henrique Mieuzet era um menino de sete anos, tranquilo, inteligente, que morava no campo com os pais. Desde um ano de idade sofria de uma doença que lhe causava muito sofrimento: enterite ou inflamação dos intestinos. Apesar dos esforços dos médicos, a doença não regredia.

Enquanto seus irmãos e amiguinhos corriam e brincavam lá fora, ele permanecia na cama – já fazia dois anos – com dores

---

[22] Cf. Ruth Cranston. *Op. cit.*, p. 182ss. J. J. Cavalcante. *Op. cit.*, p. 87.

abdominais, suores, sangue na evacuação, anemia extrema e perda de peso. Não conseguia ingerir os alimentos, exceto o leite, e pesava somente 13 quilos.

Como última esperança, seus pais o levaram para Lourdes. A viagem foi muito penosa – 500 quilômetros num vagão de terceira classe – e na noite após a sua chegada sua mãe pensou que ele estava morrendo. Mas, mesmo assim, levou-o em padiola para as várias cerimônias, mergulhando-o também na água gelada da piscina.

No dia marcado para a volta, a mãe olhou desolada para o filho e chorou amargamente, pois não via nele nenhuma melhora. Desesperada ela dizia:

– Ele não está melhor, foi inútil! Agora sei que vai morrer.

No trem de volta, Henrique jazia em seu colchão, pálido, quase inconsciente.

A história da volta foi contada por uma enfermeira, que escreveu, mais tarde, o seguinte relatório à Comissão Médica de Lourdes:

O trem partiu. Após lançar um último olhar à Virgem quando passávamos acima da Gruta, as enfermeiras e os pacientes começaram a recitar o rosário. Não puderam terminá-lo sem uma grande emoção, porque foi durante o rosário, acima da Gruta, que a menininha Saget – uma vítima da doença de Pott – foi curada.

Quando a recitação terminou, o pequeno Henrique, imóvel no seu colchão até aquele momento, de repente se sentou e disse:

– Quero ir ver a menininha que foi curada. Agora mesmo.

E lá foi ele, em pé, andando, seguido por uma das enfermeiras pronta para segurá-lo, se necessário, e que lhe dizia ternamente:

– Muito bem, venha.

E ele andou a extensão do corredor – esta criança que não se movia do leito há 18 meses.

Quando atingiu o compartimento da menininha, atirou os braços em volta dela, e as duas crianças abraçaram-se alegremente. Já nesse instante todos no vagão estavam no corredor, rindo, chorando com a mãe. E dando graças à Virgem que tinha operado esse duplo milagre.

Depois que tudo se acalmou, Henrique voltou para seu compartimento e, pela primeira vez em vários anos, disse que estava com fome. Sua mãe deu-lhe primeiro um pouco de leite, mas isso não foi suficiente. Deram-lhe então uma banana e uma caneca com chocolate, que tomou inteirinha. Duas horas mais tarde, como ceia, comeu duas fatias de pão com patê – uma dieta certamente não indicada para moléstia intestinal! Na manhã seguinte, quando se levantou, comeu três pãezinhos e tomou uma xícara de café preto. E ainda estava com fome e comeu outra vez, antes de chegar a seu destino.

Esse foi o relato da enfermeira.

A cura de Henrique foi extraordinária, completa, repentina, sem nenhum tempo de convalescença. Foi, disseram os médicos, uma completa restauração do aparelho digestivo. O Dr. Vannier examinou-o logo após o retorno e, depois, em intervalos semanais. E registrou o seguinte: "O presente estado da criança é muito satisfatório. Esplêndido apetite. Digestão fácil. Fezes regulares e normais. Alimenta-se como os demais, não tem mais dores, passa o dia correndo e brincando com seus irmãos. Desde sua cura, aumentou seu peso em quatro quilos e cresceu 25 milímetros. Essa criança está admiravelmente curada". E o Dr. Vannier comentou:

– É uma cura profundamente desconcertante para o médico!

Henrique continuou com ótima saúde. Bom rapaz e com boas qualidades, entrou no Seminário Maior de Rennes e tornou-se sacerdote em 1947.[23]

---

[23] Cf. Ruth Cranston. *Op. cit.*, p. 106ss.

Cura do menino idiota

As manchetes dos jornais anunciavam: "Criança idiota é curada em Lourdes. Menino com sete anos recupera a inteligência depois de viver durante três anos como animal".

Ruth Cranston conta a história impressionante de Guy Leydet, um menino francês com encefalopatia infantil e que sofria de idiotismo.

– Hoje essa criança é sã e forte. Eu mesma a vi bem e feliz, correndo com seus amigos para jogar futebol, conta Ruth.

Até os cinco anos de idade, Guy era uma criança normal. Então, foi atacado de meningite e ficou paralítico de ambas as pernas e braços, e sujeito a frequentes convulsões e ataques epilépticos. Mas o pior de tudo foi que o cérebro ficou seriamente afetado, conduzindo a uma completa idiotice. Sua mãe descreve como era o estado do filho:

– Ele nem mesmo nos reconhecia. Não podia falar de maneira alguma, perdeu todo o alegre vocabulário que tinha antes da moléstia. Não podia nem mesmo chamar sua mãe – só produzia sons guturais como aqueles que fazem os idiotas congênitos.

O menino ficou totalmente dependente. Tinha de ser alimentado, pois não conseguia levar a comida à boca. Sujava-se sem ter consciência do que estava fazendo.

Todo o esforço médico foi inútil. Por fim, eles pronunciaram a terrível palavra: "Incurável". Foi então que os pais pensaram em Lourdes.

Chegaram a Lourdes numa bela manhã de outono. Esperançosos, os pais o empurraram no carrinho até as piscinas. O pai não entrou, esperou lá fora de joelhos, orando. A mãe entrou e ficou observando quando as enfermeiras mergulharam o filho na piscina de água gelada. Depois do banho, ela o recebeu de volta.

Então, de repente aconteceu! Guy abriu os olhos, olhou em volta com olhar esperto, estendeu os braços para a mãe e, com voz clara e infantil, chamou:

– Mamãe!

E começou a contar os dedos da mão, dizendo o nome de cada um, como costumam fazer as crianças.

Sua mãe, sobressaltada, agarrou-o e correu para fora à procura do pai.

– Ele disse mamãe!, gritava ela ofegante. Ele disse mamãe!

O pai, desconfiado, achou que ela estava exagerando e procurou acalmá-la:

– Nós já tivemos esperança tantas vezes! Não será mais uma decepção?

Mas dessa vez era verdade. A mente da criança estava despertando. Ela começou a falar e a mover os braços e as pernas. Chamaram o médico da família que o examinou. Ficou espantado diante da incrível recuperação do menino. E, ainda incrédulo, recomendou:

– Bem, de agora em diante vocês terão de reeducá-lo.

De fato, os pais tiveram de lhe ensinar tudo de novo. E não foi difícil. Dentro de um ano ele recuperou sua mentalidade normal, podia ler, escrever, desenhar, andar e brincar como as outras crianças.

Um ano após a cura, o menino foi examinado por um grupo de 40 médicos da Comissão Médica de Lourdes. Entre eles estava um especialista em crianças, o Dr. Dailly, de Paris, que por duas horas o submeteu a todos os testes clássicos para avaliar o estado de desenvolvimento de uma criança. No fim, ele concluiu simplesmente:

– Esta criança é normal!

Mas o caso provocou uma das mais longas e acaloradas discussões entre os médicos da Comissão Médica de Lourdes. Um doutor de Bordéus perguntou:

– Com que cérebro essa criança pensa? Que cérebro ela estava usando quando ficou de pé, repentinamente chamou sua mãe e começou a contar seus dedos, após dois anos de insensibilidade? Era com um cérebro novo, era com um cérebro parcialmente destruído, após uma meningencefalite aguda?

Outro médico seguiu pelo mesmo caminho:

– Ou ele devia estar pensando com seu cérebro tal como estava quando era um idiota e, portanto... ele estava pensando com um cérebro que não podia pensar. Ou tinha recebido um cérebro inteiramente novo. Em qualquer caso, o fato é absolutamente contrário a todas as leis naturais.

Essa discussão chegou ao fim quando os 40 médicos da Comissão Médica declararam com unanimidade que o caso era inexplicável pelas leis conhecidas da medicina. O professor Lelong, de Paris, um dos mais eminentes entre eles, encerrou o assunto declarando:

– Se há um só entre vocês que já alguma vez, em toda a sua carreira, viu a cura de tal caso – um postencefalítico idiota – eu me comprometo a nunca mais assinar um dossiê de Lourdes!

Ninguém respondeu.

Ruth Cranston termina dizendo:

– Eu visitei Guy Leydet em sua casa em St. Etienne. Ele agora é um rapaz de 14 anos alto e bonito, muito bom em suas aulas, especialmente em inglês, geografia e história. Vi seus cadernos – bem-feitos, quase sem erros, belos e corretos desenhos.[24]

Guy vai todos os anos com os pais a Lourdes para agradecer à Senhora da gruta.

---

[24] Cf. Ruth Cranston. *Op. cit.*, p. 213ss.

Milagre por via indireta

Às vezes as preces são atendidas indiretamente. Em seu livro sobre Lourdes, Ruth Cranston narra a história que lhe contou um médico italiano:

Maria, uma moça genovesa, estava muito mal com uma doença desconhecida no baço. Esteve em Lourdes, mas nada lhe aconteceu. Ia voltar para casa sem sua cura. No último dia da peregrinação, um médico belga, passando pela enfermaria, parou para fazer um exame mais minucioso na moça. Ele interessou-se muito pelo caso.

— De onde você é, Maria? Gênova? Você sabe, disse repentinamente, há um médico lá perto que fez um estudo especial de moléstias tropicais e particularmente moléstias do baço. Sentei-me perto dele em um Congresso Médico no ano passado. Seu nome é Dr. Liebermann. Quando voltar, vá vê-lo. Garanto que ele pode ajudá-la.

O médico de Gênova não só a ajudou, mas a curou. Quando estava completamente sã e tornou-se sua secretária, o Dr. Liebermann pilheriava com ela sobre o caso.

— Bem, agora temos uma coisa interessante! Você faz todo o trajeto para Lourdes, a Santíssima Virgem nada faz por você. E você volta para Gênova e um médico judeu a cura! Como é que você explica isso? Parece-me que a Santíssima Virgem a desapontou.

— Não diga tal coisa!, gritava Maria, indignada. Foi a Santíssima Virgem que trouxe o médico belga à enfermaria para me falar do senhor. Este foi o seu modo de me curar. A Santíssima Virgem sabe o que faz.[25]

---

[25] Ruth Cranston. *Op. cit.*, p. 79s.

E as curas continuam...

As curas maravilhosas que aqui foram descritas são algumas daquelas aprovadas pela Igreja como miraculosas ou reconhecidas pelos médicos como fatos extraordinários, inexplicáveis do ponto de vista da medicina. Certamente muitas outras aconteceram e continuam acontecendo em Lourdes, mas que passam despercebidas ou que não são oficialmente registradas. A presença da bela Senhora de Bernadete lá continua viva, acolhendo a todos que dela se aproximam com fé e esperança.

Não há nenhuma dúvida de que as curas milagrosas acontecidas em Lourdes são muito mais numerosas do que as que foram declaradas pela Igreja – 67 até hoje. É a opinião do padre Laurentin:

> Entre os inúmeros doentes curados em Lourdes a cada ano, certo número não se declara e guarda com discrição esse favor. Conheço vários casos desse tipo. Muitos dos que se declaram não têm elementos suficientes para compor um dossiê que ateste a doença e seu caráter. Entre os que podem apresentar um dossiê, muitos são eliminados, seja porque o dossiê está incompleto, seja porque falta comprovar algum ponto. Segundo essas regras, todas as curas ditas funcionais (isto é, de origem nervosa ou acontecidas por sugestão) são, hoje, sistematicamente rejeitadas pela Comissão Médica, por mais impressionantes que sejam. Para uma cura *reconhecida*, quantas curas *ocorridas*?[26]

Existem casos de curas recentes? O Dr. Patrick Theillier, atual médico responsável pela Comissão Médica de Lourdes,

---

[26] René Laurentin. *Lourdes, Histoire authentique*, t. 6, p. 278, nota 70.

responde: "Claro, sempre aparecem casos novos. Sempre tenho mais ou menos 50 casos para estudar. São as curas que foram declaradas nos últimos 10 a 12 anos e que me parecem sérias... Recebo mais ou menos 35 declarações por ano e, destas, entre três ou cinco serão objeto de uma pesquisa".[27]

Falamos bastante das curas do *corpo*. Mas é importante lembrar que existem também as curas da *alma* ou *"curas interiores"*, como são chamadas. São tão importantes ou talvez até mais importantes que as do corpo. O movimento cristão conhecido como "Renovação Carismática" insiste muito na importância da cura interior ou da "cura do homem interior". Michael Scanlan define: "Por *homem interior* entendemos os domínios intelectual, afetivo, e os da vontade, que geralmente chamamos razão, coração e vontade. Há razões para incluir também aí alguns outros campos que se relacionam com as emoções, o psiquismo, a alma e o espírito".[28]

Uma pessoa com boa saúde física pode ter dentro de si tormentos de ordem espiritual, afetiva ou psicológica. A cura interior liberta a pessoa desses tormentos. Os peregrinos que vão a Lourdes têm, na realidade, dupla esperança: procuram a saúde do corpo, mas, conscientemente ou não, procuram também a cura da alma. E quantas são essas curas? É impossível saber. Certamente muito mais numerosas que as curas do corpo.

---

[27] Cf. Revista *Catolicismo*, julho de 2003.
[28] Michael Scanlan. *La Guérison intérieure*. Paris, 1985, p. 10.

4

REFLEXÕES SOBRE AS CURAS

Os sinais durante a cura

Nas histórias das curas maravilhosas que vimos acima, o leitor deverá ter notado algumas coisas interessantes. A cura geralmente – nem sempre – é acompanhada por alguma sensação particular, no momento em que é realizada. As sensações mais frequentes são:

– dor violenta no local do corpo afetado pela doença;
– paz e bem-estar;
– calor que percorre todo o corpo;
– formigamento ou arrepio;
– certeza de que o doente tem de estar sendo ou que foi curado;
– grande apetite logo após a cura.

Muitas pessoas curadas falam de uma *dor* terrível, mas passageira, seguida de um profundo *bem-estar*.

Elisabete Delot foi curada de câncer no estômago, como vimos. Na hora do banho na piscina, ela sentiu "uma dor intolerável – uma terrível queimadura e punhaladas no estômago e abdome – como se eles a estivessem segurando sob as pancadas de um martelo infernal". Mas quando saiu da água, tudo isso cedeu lugar "a uma notável sensação de *bem-estar*, uma sensação de vigor e *apetite*". Ela estava curada!

Joachime Dehant, cuja perna coberta de úlceras foi curada no segundo banho, sentiu "terrível dor, seguida de uma sensação de tranquilidade e desaparecimento da dor".

O padre Fiamma, curado de varizes ulcerosas no primeiro banho, sentiu dor intensa, "como a penetração de um ferro em brasa sob a pele". Estava curado.

Em Lourdes, a dor intensa na hora da cura parece ser uma sensação muito comum, principalmente no banho das piscinas. Mas acontece também na procissão do Santíssimo Sacramento, embora com menos frequência. O Dr. Vallet comenta: essa sensação de dor "parece indicar intervenção de alguma força superior".

Alguns não sentem dor, mas alguma outra coisa como calor, formigamento, arrepio, choque. Madalena Carini sentiu uma repentina "sensação de calor", um "formigamento no peito", alguns batimentos no coração" e uma "sensação de bem-estar fora do comum". Era a sua cura.

A *fome* logo após a cura é também outro fenômeno muito frequente nos doentes miraculados. É curioso notar que a digestão e a assimilação dos alimentos são as primeiras funções que se normalizam – para espanto do doente que sente um apetite às vezes insaciável.

– Estou com fome! Essa é a queixa que frequentemente se ouve dos doentes miraculados, logo após cura, diz o Dr. Vallet.

Parece que o corpo precisa de alimentos em abundância para refazer rapidamente tudo o que a doença danificou e destruiu no organismo. Os milhões de células perdidas durante a doença precisam ser repostas em minutos ou em poucas horas. Daí o apetite insaciável de alguns doentes após a cura.

A sensação de *bem-estar* está presente em quase todas as curas milagrosas. Somente nas curas milagrosas! Não está presente nas curas naturais que acontecem nos hospitais, nem nas curas por hipnotismo, nem nas curas por autossugestão. A profunda sensação de bem-estar parece revelar algo sobre a causa da cura: a força de onde a cura procede.

Outra sensação interessante: quase todos os miraculados *percebem que estão sendo curados*. Isto se dá geralmente no instante da cura. É uma certeza que parece não depender deles, que os assalta como uma inspiração que vem de fora e que lhes causa muita alegria e um grande bem-estar.

Os sinais após a cura

O professor Christian Brégeon, do Centro Hospitalar Universitário de Angers, observa que uma cura se torna milagrosa quando preenche duas condições:

– escapa às leis habituais da medicina e da evolução das doenças, isto é, efetua-se de um modo extraordinário e imprevisível;
– faz com que a pessoa curada e as testemunhas procurem ou reconheçam uma significação espiritual para o fato; mais precisamente, leva-os a crer na intervenção especial de Deus.[1]

Interessante notar a segunda condição. Pois, como salienta Yves Chiron, "todos os miraculados de Lourdes acreditaram, imediatamente, na intervenção de Deus. Todos viram sua vida transformada, fisicamente, é claro, mas também espiritualmente. Para muitos, isso pode ser observado em sua vida depois da cura".[2]

Alguns dos miraculados voltam a Lourdes para trabalhar como padioleiros (carregadores de doentes em macas ou padiolas) ou para acompanhar as peregrinações. Por exemplo, Lydia Brosse, curada em 1930, voltou a Lourdes durante mais de 20 anos como acompanhante de doentes nas peregrinações. Ga-

---

[1] C. Brégeon. *Avant-propos, Guérisons et miracles*. Paris/Lourdes, CCMF/AMIL, 1994, p. 11.
[2] Yves Chiron. *Op. cit.*, p. 115.

brielle Clauzel, também curada, quis viver os últimos anos de sua vida perto da gruta das aparições.

Alguns miraculados entraram em ordens religiosas, como é o caso de Amélie Chagnon (curada em 1891); Clémentine Trouvé (curada em 1891); Marie-Thérèse Noblet (curada em 1905); Thea Angele (curada em 1950); Henrique Mieuzet (curado em 1923), que se tornou sacerdote.

É a fé que cura?

— Tenha fé que você vai conseguir!

Esta é uma frase que se ouve frequentemente, querendo insinuar que é preciso ter fé para se alcançar o que se deseja. Mas de que fé se trata?

Devemos distinguir dois tipos de fé:

— fé teologal ou fé dogmática;
— fé expectante ou fé carismática.

A *fé teologal* é aquela que todo cristão professa ao crer nos principais dogmas da religião. É a fé que ele expressa quando recita o "Creio em Deus Pai".

A *fé expectante* acontece quando alguém espera, com firmeza, que vai conseguir o que quer ao fazer uma oração, ao dizer alguma palavra ou ao praticar alguma ação.

Vamos dar um exemplo. Nos Atos dos Apóstolos, capítulo três, há a narração da cura de um aleijado. Todos os dias ele era levado até a porta do templo chamada Formosa, onde ficava pedindo esmola. Pedro passava sempre por lá e certamente conhecia o homem, mas nada acontecia. Um dia, porém, ele parou e olhou fixamente o aleijado que, atento, ficou esperando uma esmola. Então Pedro disse: "Não possuo nem ouro nem prata.

O que tenho, porém, isto lhe dou: Em nome de Jesus Cristo, comece a andar". E, tomando-o pela mão direita, ergueu-o. No mesmo instante seus pés se firmaram e de um salto ele pôs-se em pé e começou a caminhar. E entrou com Pedro no templo, andando, saltando e louvando a Deus.

Naquele dia Pedro teve a fé expectante, a certeza absoluta de que, com suas palavras e com o gesto de pegar na mão do aleijado, iria curá-lo. Por que só naquele dia e naquele exato momento? Porque foi então que teve uma inspiração divina, uma iluminação, uma graça. Dizem os teólogos que a fé, tanto a teologal como a expectante, é um dom de Deus. O crente não a possui por sua própria capacidade, mas só com a ajuda divina.

Se alguém está na cabeceira da cama de um doente e quiser tentar fazer um prodígio por conta própria, dando uma ordem para que o doente se levante e fique curado, nada acontece. Porque esse alguém não tinha, naquele momento, a graça da fé expectante.

Pois bem, o que acontece nas curas extraordinárias de Lourdes? Os doentes curados manifestam essa fé expectante, essa firme certeza de que vai ser curado?

Parece que não. Em várias curas milagrosas acontecidas em Lourdes, o doente mostrava-se vacilante na fé. Vamos dar um exemplo.

Luciano Belhache pertencia a uma família de ateus. Seus pais casaram-se "fora da religião" e nenhum dos cinco filhos tinha sido batizado, nem jamais entrado numa igreja. Viviam como verdadeiros pagãos em Tolosa, onde moravam.

Com 22 anos de idade, Luciano ficou doente. Um dia ele sofreu uma queda violenta que deixou nele várias sequelas: dores fortes na espinha e rigidez que o impedia de ficar ereto. Com o passar do tempo, os sintomas pioraram. O Dr. Verdier, médico da família, descobriu que ele estava com o mal de Pott, uma tuberculose que ataca a espinha dorsal. O diagnóstico foi confirmado nos exames de raios X. Era necessário, segundo os médicos, colocar um colete para corrigir a espinha.

Mas o pai de Luciano já pensava em outra coisa. Tinha lido em algum lugar que em Lourdes estavam acontecendo curas prodigiosas. E veio-lhe a ideia de experimentar antes de tudo esse "tratamento especial".

Mas Luciano nem era batizado. Como poderia participar de uma peregrinação a Lourdes? Recebeu, então, uma instrução religiosa básica e foi batizado. E assim partiu ele na peregrinação de Tolosa. Estava todo encurvado e tão fraco que tinha de ser amparado ao andar.

Em Lourdes, foi levado para o banho na piscina e sentiu alguma melhora. Mas a verdadeira cura aconteceu quando assistia à procissão do Santíssimo Sacramento. No mesmo momento em que recebia a bênção, sentiu um bem-estar indescritível e teve a certeza de que estava sendo curado. As dores desapareceram, a coluna ficou flexível, e ele conseguia andar livremente em posição ereta.

Foi examinado na Comissão Médica de Lourdes. No relatório dos médicos lê-se o seguinte: "Não permanece qualquer rigidez e a flexibilidade da coluna espinhal é completa. Todos os movimentos livres e fáceis; o andar, normal. A doença – atestada pelo certificado médico e raios X – existiu de fato. No presente estado da ciência, a cura, em várias horas, de cárie, com desintegração do corpo vertebral, não tem explicação natural".

No ano seguinte, Luciano voltou a Lourdes para novo exame. Os médicos verificaram que a doença de Pott havia sido totalmente debelada e o jovem gozava de perfeita saúde.

Essa cura teve uma feliz consequência: a família Belhache inteira foi batizada. E não só isso: tornou-se cristã praticante. Luciano e sua mulher retornaram todos os anos a Lourdes para ajudar e cuidar dos doentes, ele como padioleiro, ela como enfermeira.[3]

---

[3] Cf. Ruth Cranston. *Op. cit.*, p. 117.

A fé expectante de Luciano e do pai dele não era assim uma fé de "remover montanhas". Eles tinham uma leve esperança. E receberam a graça da cura.

E aqueles que não têm nem mesmo esperança podem receber a graça? Vejamos um exemplo.

Existem também céticos entre o clero. O padre Fiamma, de Paris, sofria de um caso grave de varizes nas pernas, com feridas que não saravam, apesar dos tratamentos. Um dia ele disse ao médico:

– Meu arcebispo quer que eu vá a Lourdes, mas vou sem esperança de que serei curado.

Chegando a Lourdes, nem sequer se interessou em ir até as piscinas para um banho na água da fonte. Mas um padioleiro amigo chamou-lhe a atenção dizendo que ele seria um tolo se não tomasse ao menos um banho na piscina. Depois dessa chamada do padioleiro, o padre consentiu, mas sem muito entusiasmo. Não entrou na piscina, apenas mergulhou as pernas na água. Sentiu uma dor intensa, "como um ferro em brasa penetrando sob a pele".

Estava curado em alguns segundos. E permanentemente para o resto da vida.[4]

A fé religiosa ou o merecimento por parte do doente parece não ter muita importância nas curas milagrosas. Parece que a Virgem Santíssima faz o bem, sem olhar a quem.

Algumas das curas mais extraordinárias têm acontecido com doentes sem qualquer fé. Por exemplo, a senhorita Guinot, que sofria de tuberculose em estado adiantado, era descrente. Foi a Lourdes contra a própria vontade – e com mal disfarçada ironia – só para satisfazer a amigos. E foi curada. E tornou-se uma cristã sincera e praticante.

---

[4] Cf. Ruth Cranston. *Op. cit.*, p. 118.

E há também o caso de Germaine Birsten, uma protestante, que foi curada do mal de Pott durante a procissão do Santíssimo Sacramento.

É interessante notar que as pessoas curadas são na sua maioria pessoas simples – os pobres e humildes, pessoas que não interpõem obstáculos intelectuais entre si e as Forças do Alto, os pobres em espírito segundo o Evangelho. "A Santíssima Virgem não se interessa muito pelos ricos" – dizem em Lourdes.

E os doentes que não são curados? Por quê?

A maioria das doenças conhecidas – doenças *orgânicas* – já foi objeto de curas inexplicáveis em Lourdes. Com uma exceção: as doenças genéticas. "Quase todos os danos causados a vísceras e órgãos dos sentidos foram reparados", escreve o Dr. Mangiapan. "Quase todas as doenças adquiridas, mas não as hereditárias, foram curadas".[5] Não houve, por exemplo, nenhuma cura da síndrome de Down, uma doença herdada. Acontecerá algum dia?

Entre as curas reconhecidas em Lourdes, quatro são de esclerose múltipla, que é uma afecção do sistema nervoso central, cuja causa ainda permanece obscura. E muitas são de tuberculose, por uma simples razão: até o ano de 1950 a tuberculose era uma doença muito comum e incurável. Somente na segunda metade do século XX é que foi combatida com eficácia.

Milhares de doentes vão a Lourdes todo ano. Poucos são curados. Por que alguns são e outros não? Por que é Maria a escolhida e não João? Por que um ateu é escolhido e não uma

---

[5] Théodore Mangiapan. *Les Guérisons de Lourdes, Etude historique et critique depuis l'origine à nos jours.* Lourdes, Oeuvre de la Grotte, 1994, p. 387.

freira que volta sem alívio de suas dores atrozes? Por que a própria Bernadete, a amiga querida e confidente da bela Senhora da gruta, teve de suportar sua doença até o fim da vida, sem alívio, sem cura?

É um mistério insondável! Quem é que saberá dar uma resposta convincente?

Algumas teorias sobre as curas

Os médicos que passam pela Comissão Médica de Lourdes, nas horas de folga, ficam discutindo sobre os casos de curas inexplicáveis. Qual é a causa? Que poder as produz e como? Se não são milagres – isto é, produzidas por alguma força sobrenatural – o que são?

Essas perguntas precisam de resposta. E então são formuladas as diversas teorias que tentam dar alguma explicação. As principais dessas teorias são:

• *A água da fonte da gruta*
Teria ela algum poder medicinal? Houve no início quem teimasse em dizer que sim. Mas hoje ninguém mais sustenta esse ponto de vista. Desde o começo já se sabia que a água da fonte de Bernadete é normal, igual à água das outras fontes da região, como ficou demonstrado nas análises feitas.

Mas, ao mesmo tempo, não deixa de ser uma água *misteriosa*. A fonte apareceu sob os dedos de Bernadete quando cavou por ordem da bela Senhora. Fraca no começo, apenas um filete de água suja, ela foi aumentado rapidamente e hoje jorra cinco mil litros por hora. E essa mesma água, apesar de não ter nada de medicinal, já provocou tantas curas maravilhosas cientificamente inexplicáveis.

E ainda existe um outro fato curioso: ela não é um agente transmissor de doenças. A água não é trocada depois do banho de cada doente. Nas piscinas a água é corrente, mas não é suficiente para se renovar mais do que uma ou duas vezes ao dia. E nessa mesma água são mergulhados diariamente centenas de doentes, vítimas dos mais diversos males: hemorragias, abscessos, tuberculose, sífilis, câncer etc. E nunca houve uma contaminação. Como nota D'Erceville, "jamais se verificou agravamento de uma doença ou transmissão de micróbios. Será que as análises não revelam a presença de germes patogênicos? Pelo contrário. Encontram-se os traços de todas as doenças, mas *os germes tornaram-se inofensivos*. Compreenda quem puder".[6]

Nos anos 1934 e 1935, o Dr. Vallet com vários outros médicos realizaram cuidadosos estudos da água das piscinas. Os relatórios das análises afirmavam: "A água contém micróbios das mais variadas espécies, bacilos intestinais, estafilococos, piociânicos etc. Mas nenhum desses micróbios, submetidos à cultura, mostraram-se patogênicos quando injetados nas cobaias".

Análises feitas no mesmo ano em Tarbes, perto de Lourdes, tiveram os mesmos resultados, demonstrando que as piscinas estavam em extremo poluídas. A água foi injetada em cobaias e seis meses depois todas elas viviam saudavelmente.

A historiadora Ruth Cranston conta um fato no mínimo nauseante:

> Muitos fiéis de Lourdes, padioleiros e enfermeiros especialmente, no fim do dia enchem um copo da água dos banhos e bebem-na num ato de fé. Talvez esta seja uma

---

[6] D'Erceville. *Op. cit.*, p. 159.

dose muito forte para a maioria dos leitores, mas em Lourdes é um fato comum. O Presidente dos Hospitaleiros, o velho Conde de Beauchamp, que conta com oitenta e sete anos de idade, disse: "Eu tenho bebido verdadeiro hospital cheio de micróbios e, no entanto, nunca fiquei doente".[7]

• *Erros de diagnóstico*
Os médicos estariam errando no diagnóstico dos doentes, encontrando doenças que de fato não existem.

Erros certamente ocorrem na clínica de todo médico. Mas dizer que existem erros constantes de diagnóstico na Comissão Médica e no Comitê Médico Internacional de Lourdes seria um disparate. Como vimos acima, esses organismos são de uma severidade extrema na análise dos documentos médicos e no exame dos doentes. Eles exigem que os certificados médicos sejam exatos, acompanhados da história do caso, dos informes clínicos e das anotações diárias do médico. Os relatórios médicos são acompanhados de chapas de raios X, gráficos de hospitais e análises biológicas de "antes e depois". Esses documentos não mentem.

• *Choque emocional... sugestão... fatores psíquicos...*
Essas são as mais populares tentativas de explicação. Mas em muitas curas de Lourdes não estão presentes nem choque emocional, nem sugestão, nem qualquer outro fator psíquico. Esses elementos faltam, por exemplo, nas curas dos incrédulos, dos ateus, de crianças pequenas; nas curas que ocorrem em casa ou na viagem de volta, quando toda esperança de cura tinha desaparecido; nas curas em outros lugares que não nos banhos ou

---

[7] Ruth Cranston. *Op. cit.*, p. 44.

nas procissões em Lourdes; nas curas que acontecem após duas ou mais peregrinações.

O menino Justino, com apenas 18 meses de vida, foi mergulhado quase morto na água gelada da fonte da gruta e foi curado. Pode-se falar, neste caso, de sugestão ou choque emocional?

Lídia Borsse estava completamente inconsciente quando foi curada. Nada aparentemente tinha acontecido nos banhos ou durante sua estada em Lourdes. Muito deprimida, ela estava de volta ao lar. Quando tinha perdido toda esperança, deu-se a cura. Onde fica neste caso a sugestão ou qualquer outro fator emocional?

Sem dúvida, a sugestão é uma força poderosa. Mas o Dr. Guinier observa:

> A experiência prova que sugestão terapêutica nunca conseguiu curar lesões orgânicas, nem rapidamente, nem vagarosamente. A regeneração de tecidos que estão doentes por muito tempo ou que já foram destruídos só pode ser feita pela multiplicação das células, geradas por elementos preexistentes e acrescentando-se a si novas células, conseguindo assim formar de novo pele, músculos, gordura, ossos. Em tal sucessão de operações fisiológicas, o *tempo* é indispensável. Nenhum órgão se reconstrói fora do fator tempo necessário ao crescimento de tecidos... Nenhum abalo moral ou crise nervosa podem alterar este fato ou produzir uma instantânea criação de células.

Os médicos sempre insistem neste ponto: que as emoções, a autossugestão, a emotividade do doente não podem construir células ou unir nervos e artérias, nem destruir microorganismos patogênicos num piscar de olhos. Isto é um processo *lento e progressivo*. Nenhuma simples mudança emocional rápida pode realizá-lo.

Será possível um tuberculoso em último estágio da doença, cujos exames laboratoriais provaram a presença indiscutível dos bacilos de Koch, curar-se dentro de um lapso de tempo mais ou menos longo? Claro que sim.

Será possível um tuberculoso em último estágio da doença, cujos exames laboratoriais provaram a presença indiscutível dos bacilos de Koch, curar-se num instante, com a rapidez do relâmpago ou mesmo em poucos minutos, com o desaparecimento dos sintomas da doença e dos bacilos de Koch? Haverá algum médico neste mundo que ousará responder afirmativamente? Pois em Lourdes isto tem acontecido.

• *Forças naturais desconhecidas*

Esta é a explicação favorita dada pelos racionalistas. As forças são desconhecidas *hoje*, dizem eles, mas a ciência poderá encontrar uma explicação natural para elas *no futuro*. Empurram a solução do problema para o futuro, colocando uma mera hipótese, ou melhor, fazendo um exercício de futurologia.

É verdade que alguns fatos que eram considerados milagres há mil anos agora podem não ser mais, diante das novas descobertas da ciência. Os homens das cavernas tinham muitas coisas como inexplicáveis para eles, mas que depois foram explicadas.

Mas nenhuma pessoa de bom senso poderá dizer com toda a certeza que no futuro *tudo* vai ser explicado naturalmente e que não vai sobrar nada para o sobrenatural. Por isso, o Dr. René Biot estabelece este princípio: "O que nos pedem é julgar hoje sobre o que nós vemos hoje. Aquilo que saberemos amanhã é totalmente problemático".[8]

Para muitos médicos e cientistas, o argumento fatal contra essas forças desconhecidas é a presença da *irregularidade de método* que se observa nas curas de Lourdes. Sabemos que as forças

---

[8] Dr. René Biot. *Lourdes et le Miracle*. Spes, Paris, 1958, p. 72.

da natureza agem sempre do mesmo jeito, com o *mesmo método*. Por exemplo, se alguém risca um fósforo e encosta a chama numa palha seca, esta pega fogo. Esse *método* pode ser repetido milhares de vezes, e sempre acontece a mesma coisa.

Dá-se o mesmo na medicina. O médico sabe que tal remédio serve para curar certa doença, e sempre que lhe aparecem doentes com aquela determinada doença, ele receita o mesmo remédio, que vai dar certo. Ele usa sempre o mesmo *método* no tratamento dos doentes.

Mas em Lourdes isso não acontece. Lá as "forças desconhecidas" não agem constantemente nem uniformemente. Elas agem hoje, mas não amanhã; agem para algumas pessoas, mas não para outras. Frequentemente vemos dois doentes sofrendo da mesma moléstia. Os dois são mergulhados na piscina, na mesma hora, do mesmo jeito. Um é curado instantaneamente, o outro não. Por quê? Ninguém sabe.

Os médicos ficam aturdidos com essa *irregularidade de método* nas curas de Lourdes.

• *Poder da oração*
Alguns acham que a resposta está na oração. O Dr. Alexis Carrel diz que o milagre é caracterizado por uma extrema aceleração dos processos de reparos orgânicos. A única condição indispensável para a ocorrência desse fenômeno é a oração. O paciente não precisa ele mesmo orar ou ter qualquer fé religiosa, mas alguém deve estar orando por ele. O Dr. Carrel afirma sua convicção de que "o poder da oração é o maior poder do mundo".

O Dr. Vallet não concorda inteiramente com essa teoria do modo como é interpretada por Carrel, o da oração como completa e final explicação das curas milagrosas. Ele diz que a "oração é necessária para a cura ser obtida, mas não é suficiente... *É necessário que Deus concorde com ela* e ratifique sua execução por suas próprias intenções!".

E aqui nos defrontamos com aquele intrincado problema que tem afligido teólogos e filósofos desde os tempos antigos: a vontade de Deus. A Igreja declara nas proclamações de uma cura milagrosa que a causa dessa cura é "uma especial intervenção de Deus *pela intercessão de Nossa Senhora de Lourdes*".

Aí estão as várias teorias e hipóteses que tentam explicar o fenômeno das curas em Lourdes. Pode ser que nenhuma delas seja satisfatória para todos.

O doente não pode ver, mas vê...

Os médicos ficam aturdidos também com um outro fenômeno que é observado em algumas curas: o órgão afetado ou parcialmente destruído – como, por exemplo, o olho, o pulmão, o cérebro ou o coração – continua exercendo suas funções naturais, ainda que o órgão em si permaneça doente e biologicamente incapaz de executar a tal função.

Um exemplo desse fenômeno é a cura da cegueira de Gerard Baillie. O médico que o examinou após a cura disse: "A criança tem cório-retinite com dupla atrofia ótica. Ela não deveria ver". Mas via perfeitamente com olhos incapazes de ver.

Outro exemplo mais espetacular é a cura de Guy Leydet, uma criança em estado de completo idiotismo por dois anos e meio. De repente começou a pensar, mover-se e agir com um cérebro parcialmente destruído, após uma meningencefalite aguda. Estava pensando com um cérebro que não podia pensar.

Os médicos são unânimes em dizer: coisas desse tipo são impossíveis de acontecer – naturalmente. Mas em Lourdes acontecem – miraculosamente.

Se algum leitor franzir a testa, incrédulo, ao ler essas afirmações, veja o que a escritora protestante Ruth Cranston diz a esse respeito:

Não são invenções piedosas de devotos religiosos procurando acrescentar glórias para sua querida fé. São ocorrências reais, observadas por médicos conceituados e anotadas por eles nos relatórios oficiais acima de suas assinaturas. São entre as mais impressivas ilustrações de algumas características de curas sobrenaturais ou miraculosas.[9]

As falsas curas

Má-fé existe por toda a parte. Também em Lourdes. Os médicos da Comissão Médica estão sempre de antena ligada, porque a experiência mostrou que de vez em quando lá aparecem alguns "miraculados" querendo tirar vantagem.

Para o Dr. Leuret, as fraudes não dependem apenas das más intenções dos homens, há também as obras de Satanás:

> A Santíssima Virgem tem um inimigo irredutível, o diabo, no qual talvez tenhamos deixado de acreditar. Muito bem, ele existe. E age. E tenta em Lourdes, talvez mais do que em qualquer outro lugar, combater a influência irresistível e cada vez mais envolvente da Virgem... Ele suscita falsas curas, fatos que à primeira vista parecem prodigiosos, mas que não resistem à crítica e que, sobretudo, provocam desmentidos fáceis.[10]

Esses "milagres do demônio" têm objetivos humanos e materiais, como:

---

[9] Ruth Cranston. *Op. cit.*, p. 111.
[10] Philippe Aziz. *Op. cit.*, p. 291.

– a maldade;
– a vaidade;
– o espírito de lucro.

O Dr. Leuret dá um exemplo de cada uma dessas três categorias:

• *Um milagre da maldade*
Em agosto de 1947, entra no consultório da Comissão Médica de Lourdes, em meio a gritos e correria, uma estranha mulher morena, acompanhada de uma enfermeira assistente das piscinas. "Cachinhos caindo em cascatas sobre as maçãs do rosto, sobrancelhas depiladas, lábios recobertos de um batom muito gorduroso, unhas pintadas de vermelho, proeminências exteriores bastante acentuadas na frente... e atrás!". A morena bem fornida exclama em alto e bom tom:
– Estou curada! Estou curada!
E a enfermeira, confirmando:
– Ela está curada! Eu vi com os meus próprios olhos!
A enfermeira foi tomada à parte e interrogada pelos médicos:
– Você viu a mulher curada de quê?
– De uma fístula no ânus, doutor.
Os médicos se entreolharam, surpresos.
– Mas como foi que você pôde ver? Teria de mergulhá-la na piscina de cabeça para baixo e o traseiro para cima! Poderia tê-la afogado!
Por fim, a enfermeira confessa que tudo o que viu foi a "roupa branca ensangüentada".
Voltando-se para a morena "miraculada", os médicos lhe dizem que precisam examiná-la. Ela concorda e, para espanto dos médicos, mostra o local de sua pretensa fístula: aponta para um ponto entre as omoplatas... E resmunga entre os dentes:
– Foi essa droga de tarefa que me deram. Se tivesse sabido, não teria vindo aqui...

Os médicos não entenderam nada. A morena, então, explicou que tinha sido enviada em missão por uma organização antirreligiosa. Queriam provar que os milagres de Lourdes eram proclamados sem que os doentes fossem realmente examinados.

• *Um milagre da vaidade*
Apresenta-se na Comissão Médica uma jovem encantadora, corada, mas tímida e sem pintura. E começou a contar sua história:
— Já faz três anos que estou presa à cama, sem andar, e desde hoje pela manhã ando.
— Do que você sofria?, perguntou um médico.
Ela ficou embaraçada, não soube explicar.
— Onde estão seus atestados médicos?
Ela fez um sinal de quem não estava entendendo.
— Podemos examiná-la?
Sim, sem problema. Os médicos descobrem, então, um corpo jovem, perfeito e saudável, sem nenhuma sequela deixada pela falta de exercício durante três anos sem andar.
— Você está mentindo!, acusou um médico.
Então a jovem contou a verdadeira história. Uma de suas amigas havia realmente sido curada em Lourdes. E, aos prantos, explicou:
— Ao voltar para a cidade, minha amiga curada foi recebida com coroas de flores e arcos de triunfo. O padre abençoou-a, o prefeito beijou-a... Eu queria que fizessem o mesmo comigo!

• *Um milagre do espertalhão*
Aconteceu em julho de 1948. Um rapaz de aproximadamente 18 anos, louro, de cabelos ondulados, olhos azuis, elegante. Mas, acompanhado por um estranho "protetor" moreno, com suíças espessas, sobrancelhas feitas, lábios e unhas pintados... É

ele quem explica: o rapaz louro é surdo-mudo de nascença, filho de pais também surdos-mudos. Acaba de recuperar a audição e a palavra na piscina...

Então, os médicos passam a interrogar o louro "miraculado". Ele revela que, na realidade, já fala há dois anos...

O presidente da Comissão Médica, Dr. Leuret, expulsa os dois...

Os espertalhões tinham um plano: vender dois mil cartões-postais de Lourdes com a inscrição no verso: "Lembrança do surdo-mudo curado milagrosamente na piscina, no dia 16 de julho de 1948". Cada cartão custava 10 francos. E, naquela mesma noite, conseguiram vender os dois mil cartões...

Em seguida, tentaram entrar numa casa que julgavam estar desabitada. Foram agarrados. Procurando defender-se, o "protetor" gritou para a polícia:

— Não nos toquem! Somos miraculados!

Mas não funcionou.[11]

A Igreja Católica tem seus critérios que permitem distinguir o *milagre* (de origem divina) do *prodígio* (que pode ser de origem diabólica). O cardeal Lambertini, em seu tratado sobre milagres, como vimos no capítulo II, explica como separar o joio do trigo: "Se no fenômeno extraordinário ocorrido nada se encontra de frívolo, ridículo, desonesto, vergonhoso, violento, ímpio, orgulhoso, mentiroso ou defeituoso, a qualquer título que seja; se, ao contrário, tudo nele for conveniente, sério e conduzir à piedade, à religião, à santidade, não há nenhuma dúvida: esse fenômeno não pode ser diabólico".

---

[11] Philippe Aziz. *Op. cit.*, p. 291ss.

A opinião de nossos irmãos separados

É interessante notar que alguns teólogos cristãos não católicos também se sentem tocados diante dessas curas extraordinárias que acontecem em Lourdes. Anos atrás, um grupo de teólogos luteranos da Alemanha publicou um documento com o título "Manifesto de Dresden", na revista "Spiritus Domini". Nele os teólogos expõem sua admiração e seu interesse pelas aparições da Virgem Maria e pelos fatos extraordinários a ela atribuídos. Diz o documento:

> Em Lourdes, em Fátima e em outros santuários marianos, a crítica imparcial se encontra diante de fatos sobrenaturais que têm relação direta com a Virgem Maria, seja mediante as aparições, seja por causa dos fatos milagrosos obtidos por sua intercessão. Esses fatos são tais que desafiam toda a explicação natural.
>
> Sabemos ou deveríamos saber que as curas de Lourdes e Fátima são examinadas com elevado rigor científico por médicos católicos e não católicos. Conhecemos a praxe da Igreja Católica que deixa transcorrer vários anos antes de declarar alguma cura milagrosa. Até hoje, mil e duzentas curas ocorridas em Lourdes foram consideradas pelos médicos cientificamente inexplicáveis, todavia a Igreja Católica só declarou milagrosas 44 delas.[12]
>
> Nos últimos 30 anos, 11 mil médicos passaram por Lourdes. E todos eles, qualquer que seja a sua religião ou posição científica, têm livre acesso ao *Bureau de Constatations Médicales* (Comissão Médica de Lourdes). Por conseguinte, uma cura milagrosa é cercada das maiores garantias possíveis.

---

[12] Até o dia de hoje 67.

Qual é, pois, o sentido profundo desses milagres no plano de Deus? Bem parece que Deus quer dar uma resposta irrefutável à incredulidade dos nossos dias. Como poderá um incrédulo continuar a viver de boa-fé na sua incredulidade diante de tais fatos? E também nós, cristãos evangélicos, podemos ainda, em virtude de preconceitos, passar ao lado desses fatos sem nos aplicarmos a um atento exame?...

Somente Deus pode permitir que Maria se dirija ao mundo através de aparições. Não nos arriscamos, talvez, a cometer um erro fatal, fechando os olhos diante dessas realidades e não lhes dando atenção alguma?

No seu *Magnificat*, Maria declara que todas as gerações a proclamarão bem-aventurada até o fim dos tempos. Todos nós verificamos que esta profecia se cumpre na Igreja Católica e, nestes tempos dolorosos, com intensidade, sem precedentes. Na Igreja Evangélica, essa profecia caiu em tão grande esquecimento que dificilmente se encontra algum vestígio dela.[13]

Nesse documento se vê, portanto, a preocupação dos teólogos sérios das seitas evangélicas no sentido de resgatar a devoção a Maria. E são justamente as aparições e as curas milagrosas que mais os impressionam.

---

[13] Manifesto de Dresden, publicado na revista *Spiritus Domini*, número 5, em maio de 1982.

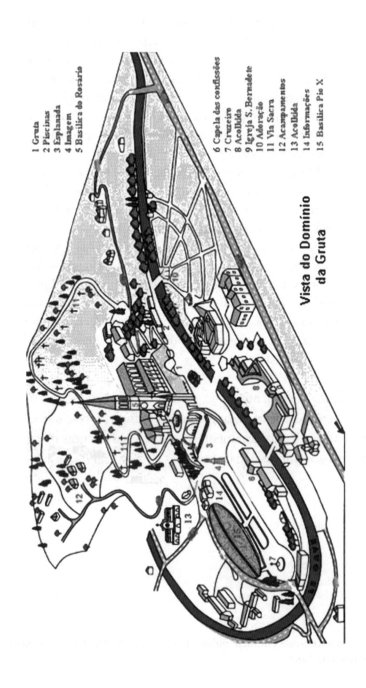

5

O SENTIDO DE LOURDES

Bernadete, única testemunha

Um fato que se deve notar nas aparições de Lourdes é que só Bernadete viu e ouviu a bela Senhora, e ninguém mais. Ela foi a única testemunha da Virgem. Na aparição do último dia da quinzena, havia 20 mil pessoas em Lourdes que esperavam que no 15º dia a Senhora aparecesse a todos. Mas não aconteceu. Por que ela só se revelou a uma menina perdida no meio da multidão? Por que a mensagem que era para o mundo inteiro teve de passar por um canal tão frágil e desproporcionado? O padre René Laurentin tenta uma resposta:

> A tática de Deus quando ele quis revelar-se ao mundo não foi fazer grandes encenações perante as massas, mas sim escolher um homem ou um grupinho de homens privilegiados, ao qual ele confia o cuidado de fazer passar a sua palavra...
> Por que é que sempre a Palavra onipotente do Senhor do mundo passa por vias tão limitadas e, não raras vezes, tão frágeis? Esse desígnio revela a delicadeza de Deus para com o homem. Ele criou o homem livre; não força a sua liberdade; não se lhe impõe por coações maciças (à feição dos ditadores deste mundo), mas propõe a sua palavra, por humildes meios, à escala humana. Age na humanidade não por violências exteriores, pelas seduções ou pelos terrores, que são as armas do anticristo... mas do interior, por homens que nenhuma grandeza distingue segundo a carne. As grandes testemunhas de Deus, desde os profetas até o divino carpinteiro de Nazaré, até os pescadores da Galileia e até o *poverelo* de Assis, foram uns humildes e uns pobres.

Em suma, Deus propõe-se à humanidade de maneira humana.[1]

A Virgem Maria age do mesmo modo, emprega os mesmos métodos de Deus. Em Lourdes, ela transmite a sua mensagem de maneira humildemente humana: por meio de uma menina pobre, analfabeta, doente e desprezada. E a mensagem se reduz apenas a algumas ordens breves:

– oração;
– penitência;
– ir beber e lavar-se na fonte;
– construir uma capela e aí vir em procissão.

A mensagem diz apenas *o que* deve ser feito. Não diz *como* deve ser feito. Isto ela deixa por conta dos homens. Não dá a planta da capela a ser construída, os homens que a façam. Não dá um ritual pronto para ser seguido nas procissões, os padres que organizem toda a liturgia e os gestos.

Assim, os homens também assumem as responsabilidades, com seus acertos e suas falhas, mas também com amor, com o empenho da sua inteligência e de seu coração. Esse é o método da pedagogia sobrenatural que nos quer seres ativos no cumprimento das mensagens, e não simplesmente passivos.

Resumindo tudo, o padre Laurentin conclui: "Reduzida à sua expressão mais simples, assim poderia ser formulada a mensagem de Lourdes: A Virgem sem pecado vem em socorro dos pecadores. E, para este fim, propõe três meios que nos reconduzem aos fundamentos do Evangelho: *a fonte de água viva, a oração e a penitência*".[2]

---

[1] René Laurentin. *Sentido de Lourdes*. Ed. Vozes, 1957, p. 45s.
[2] René Laurentin. *Op. cit.*, p. 96.

O terço e o sinal da cruz

A Senhora sempre aparecia a Bernadete depois de iniciada a *recitação do terço*, com exceção da primeira aparição. Certamente ela quis com isso chamar a atenção não só para a importância da oração em si, mas também para fazer compreender que o terço é um modo excelente de oração, que consiste não apenas na saudação a Maria, mas principalmente na meditação dos mistérios da vida do Salvador.

A Senhora não rezava as Ave-Marias. A recitação angélica não teria sentido nos lábios dela. Mas ela desfiava o seu rosário nos dedos e recitava o *Gloria Patri*.

O *sinal da cruz* também fazia parte das orações de Bernadete em seus contatos com a Senhora. Ela sempre iniciava a recitação do terço persignando-se. O sinal da cruz que ela fazia impressionava a todos os que a viam rezar. Era um gesto amplo, solene e compenetrado. As pessoas lhe perguntavam:

– Como é que você faz esses sinais da cruz?

– Eu não sei como é que faço; a Senhora se persigna e eu faço como ela.

Certamente a Senhora também o fazia com gesto amplo, solene e com muito respeito, porque estava em contato com a Trindade Santa. É impossível imaginá-la fazendo um sinal da cruz curto, rapidinho e acanhado como se vê muita gente fazer.

Na primeira aparição existe um fato interessante: Bernadete não conseguiu fazer o sinal da cruz na primeira tentativa. Como ela mesma explicou, sua mão ficou pesada e caiu. Só depois que a Senhora se persignou é que a vidente conseguiu fazê-lo. Por quê? Alguns teólogos explicam: quem teve a iniciativa da aparição foi a Senhora, ela é quem presidia a ação e não Bernadete; portanto, cabia a ela dar início à oração com o sinal da cruz.

Esse fato pode também ser apresentado como uma das provas da autenticidade das aparições. Sabe-se que Bernadete não tinha instrução religiosa, não sabia nem o catecismo. Por isso, jamais ela seria capaz de imaginar um detalhe de tanta sutileza, o que prova que ela não estava inventando por sua própria conta a história das aparições.

A penitência

A primeira missão pública que a Senhora deu a Bernadete foi o anúncio da penitência. Por três vezes ela repetiu pausadamente a palavra "Penitência!". E Bernadete transmitiu essas mesmas palavras para o povo, repetindo-as também por três vezes e pausadamente.

D'Erceville observa que "o tríplice apelo à *penitência* é o sinal de alarme dado em favor de um mundo extraviado, que o Senhor a todo custo quer salvar".[3]

Mas podemos perguntar, a pregação da penitência é ainda válida para os dias de hoje, num mundo que valoriza a boa vida, o hedonismo, o prazer, o ter cada vez mais para usufruir do máximo, o princípio de tirar vantagem em tudo? Não seria uma pregação no deserto, só ouvida por poucos?

A resposta pode ser retirada do Evangelho. Pois se o Evangelho é ainda válido hoje, o anúncio da penitência também o é. Jesus muitas vezes apela para a penitência: "Aquele que não toma a sua cruz e me segue, não é digno de mim. Aquele que acha sua vida, vai perdê-la, mas quem perde sua vida por causa de mim, vai achá-la" (Mt 10,38-39). E a mensagem de Lourdes simplesmente faz eco ao Evangelho. O paradoxo de Lourdes não é diferente do paradoxo do Evangelho.

Bernadete não só pregou a penitência em palavras, mas deu também o exemplo em sua vida. Já durante as aparições ela fazia

---

[3] D'Erceville. *Op. cit.*, p. 164.

as penitências que a Senhora lhe pedia: beijar o chão, beber da água barrenta, comer da erva amarga... E durante toda a vida ela carregou a cruz da sua doença que a fez sofrer muito. Pregou a penitência com a palavra e com o exemplo. Mais eficazmente com o exemplo do que com a palavra, confirmando assim o que diz o ditado: "As palavras ensinam, mas o exemplo arrasta".

Bernadete não se limitou a transmitir a mensagem da Senhora, mas a sua vida toda tornou-se um reflexo de Maria.

Os sorrisos da Senhora... e sua tristeza

D'Erceville comenta que a Virgem Maria se mostrava muito alegre e sorridente nas aparições, mas se tornava muito triste quando falava dos pecadores:

> Não nos esqueçamos de que, nos Pirineus (Lourdes) como em Portugal (Fátima), a Virgem, que se mostrava jovem, sorridente, radiantemente bela e que encantava os seus pequenos videntes, tornava-se muito *triste ao falar dos pecadores*, pedindo-lhes que rezassem por eles.
>
> Para alcançar esse resgate dos pecadores, dois meios se nos oferecem: *oração e penitência*... Vimos quanto custou a Bernadete aceitar essa penitência pedida por Maria. Martírio do corpo, martírio do coração, sua vida foi tão somente uma trama de sacrifícios. Não julguemos que seja fácil arrancar almas ao Maligno, é preciso pagar tal resgate, às vezes com o próprio sangue. E eis a última lição de Lourdes, a da sublimação dos sofrimentos, de todos os sofrimentos aceitos com generosidade.[4]

---

[4] D'Erceville. *Op. cit.*, p. 165s.

Na aparição do dia 21 de fevereiro, quando a vidente se retirava, o Dr. Dozous perguntou-lhe por que havia derramado lágrimas. Ela explicou que, num dado momento, a jovem Senhora tirou seu olhar sobre ela e dirigiu-o ao longe por sobre sua cabeça, e ficou muito triste. Abalada com tamanha tristeza, Bernadete perguntou o que a entristecia. A Senhora voltou novamente seu olhar para ela e disse:

– Orai a Deus pelos pecadores!

Oração e penitência, portanto, são as duas armas poderosas para a conversão dos pecadores.

Ir em procissão até a gruta

Um século e meio após as aparições, o mundo inteiro ainda ouve e atende ao convite de Nossa Senhora feito a Bernadete: vir aqui em procissão. Mais de cinco milhões de peregrinos chegam a Lourdes todo ano, cada vez aumentando mais. Lá acontece o encontro do mundo celeste com o mundo terrestre. Mais de duas mil curas consideradas inexplicáveis pelos médicos já aconteceram, selecionadas em meio a inúmeras outras que ficaram sem registro por não serem notificadas à Comissão Médica de Lourdes. Dessas duas mil, a Igreja proclamou 67 como milagrosas.

Mas não devemos olhar os acontecimentos de Lourdes com um olhar míope, fixando-nos somente nas curas do corpo. Existem as curas espirituais ou interiores, que não são contabilizadas em Lourdes, muito mais numerosas e talvez mais importantes que as curas físicas. A cura espiritual liberta a pessoa dos tormentos interiores, da escravidão dos vícios e dos pecados. Os peregrinos que vão a Lourdes não procuram única e exclusivamente a cura de suas doenças físicas. Eles procuram também, conscientemente ou não, a cura interior.

E aí está certamente a maior bênção distribuída pela bela Senhora da gruta.

Bernadete, triturada como o trigo no moinho...

Prostrada no seu leito de morte, Bernadete certamente se lembrou dos ruídos do moinho de Boly quando um dia exclamou:
– Estou sendo moída como um grão de trigo... Minha paixão vai durar até minha morte.

Moída ela foi durante toda a vida, desde a infância passada na pobreza e na doença. Mas o que mais doía nela eram os sofrimentos de ordem moral. Encontrou forte oposição desde o início das aparições. Oposição primeiro de sua família e dos seus conselheiros. A quem devia obedecer? Às proibições dos pais e parentes ou ao convite irresistível da bela Senhora? Duro caso de consciência para a pobre menina!

Oposição também dos poderes públicos. Teve de suportar intermináveis interrogatórios feitos por pessoas com a intenção clara de persuadi-la a não mais se dirigir à gruta e acabar com aquela "palhaçada".

Mas, apesar de ser analfabeta e não falar o francês, mostrou um equilíbrio e um bom senso admiráveis. O padre Laurentin comenta: "Bernadete, que na sua fraqueza, na sua inexperiência, na sua humilde condição deveria ter sido aniquilada diante daqueles longos interrogatórios cheios de ameaças, sempre reagiu com uma calma, com uma liberdade de espírito, em que o seu bom senso e a sua inteligência certamente se patenteiam, porém ainda mais a graça. Ela tem réplicas que são como que a reprodução das de Joana d'Arc".[5]

O grande temor de Bernadete, no entanto, não era enfrentar esses homens da lei, dos quais às vezes ria nos interrogatórios e cuja pequenez ela sentia. O seu grande temor foi outra autoridade, aquela que era representante de Deus em Lourdes: o pároco,

---

[5] René Laurentin. *Op. cit.*, p. 53.

padre Peyramale, homem robusto e ereto, todo de uma só peça nos seus ataques, maciço como as montanhas da redondeza.

Bernadete "fazia-se pequena debaixo do seu capucho" quando o pároco fulminava:
– Você está mentindo, não vê coisa alguma!
Ou quando usava de ironia:
– Disseram-me que você comeu capim como os animais.

Alguém será capaz de medir a provação moral que tudo isso representa, que pesadelo pode ter sido todas essas perguntas e ameaças para a pobre asmática?

Todos esse conjunto de perguntas capciosas e ameaças para colocá-la em contradição consigo mesma ou para lhe fazer renegar as suas visões por intimidação estabeleceu com força impressionante a veracidade das aparições.

Lourdes na vida do cristão

Alguém poderia pensar:
– Lourdes? É um acontecimento muito distante! Nada tem a ver comigo. Não me interessa.

Esse modo de pensar revela no mínimo uma atitude de pouco caso ao sobrenatural. Porque os acontecimentos de Lourdes não são acontecimentos ordinários. Eles não apareceram ao acaso, sem objetivo. Ao contrário, eles aconteceram num dado período da história para lançar uma luz sobre a humanidade. Por isso, esses acontecimentos devem ter alguma repercussão em nossa vida.

São acontecimentos que pertencem ao mundo sobrenatural. E mais, eles manifestam a existência do mundo sobrenatural e levantam um pouco o véu que esconde o país do além, a verdadeira pátria de nossas almas. Portanto, não podemos ficar indiferentes diante deles, eles nos solicitam e nos questionam.

6

SANTA BERNADETE

Vida depois das aparições

Desde 4 de março de 1858, o último dia da quinzena das aparições, Bernadete procurou levar uma vida normal, juntamente com sua família no calabouço, frequentando a escola e as aulas de catecismo. Mas foi impossível, porque era solicitada para interrogatórios e por visitantes que faziam filas intermináveis à porta de sua casa, querendo conversar, abraçá-la e pedir-lhe para que tocasse com as mãos nos objetos que levavam. Ela não tinha mais sossego. Às vezes quase perdia a paciência.

Jamais aceitou e não deixou que nenhum de seus familiares aceitasse gratificações em dinheiro ou presentes, por qualquer razão que fosse. A quem insistia em lhe oferecer dinheiro ou tentava colocar moedas no seu bolso, dizia:

– Isso me queima. Por favor, não façam isso!

O próprio padre Peyramale, testemunha insuspeita, disse:

– O interesse por dinheiro não guia Bernadete nem seus pais. Várias vezes tentaram oferecer-lhe dinheiro. Sempre recusaram com indignação. Entretanto, jazem numa grande miséria.

Aquele tempo tornou-se um dos mais difíceis de sua vida. O que ela mais detestava eram os comentários dos admiradores:

– Eis a santa!

– Vejam a linda virgenzinha!

Alguns chegavam até a cortar "relíquias" da barra do seu vestido. Impaciente com tamanha ousadia, ela comentava sem rodeios:

– Como vocês são tolos!

Certo dia, um padre se ajoelhou diante dela. Ela protestou:

– Senhor padre, o senhor é quem me deve abençoar!
Outros pediam para que tocasse em terços e medalhas. Ela protestava:
– Levem ao padre para benzer, e me deixem em paz.
Havia também os que duvidavam. O padre Nègre, jesuíta, tentou provar que ela tinha visto o demônio e não a Virgem Maria. O seu argumento "teológico" era simples: o diabo só aparece com os pés de besta. Se a jovem da gruta aparecia com os pés encobertos, é que o diabo, esperto, não queria dar a se conhecer.
– Mas era ele, tenho certeza, concluiu o teólogo.
Percebendo que estava perdendo tempo, Bernadete disse à sua acompanhante Antonieta Tardhivail:
– Ele não quer acreditar, vamos embora![1]

A família Soubirous deixa o calabouço

Em novembro de 1858, veio a Lourdes uma comissão episcopal de inquérito, instituída pelo bispo D. Laurence, para obter mais informações sobre a história das aparições. Bernadete foi convocada e interrogada, primeiro na gruta, depois no presbitério. Acompanhando a comissão, o pároco de Lourdes, padre Peyramale, desceu até a gruta pela primeira vez desde o começo das aparições.

Foi nesse tempo que a família Soubirous deixou finalmente o mísero calabouço, mudando-se provisoriamente para perto da igreja. Mais tarde, por influência do bispo e do pároco, passaram a tomar conta do moinho Grãs. Era um moinho modesto e de pouca freguesia, mas que satisfazia as aspirações do moleiro Francisco.

---

[1] Cf. René Laurentin. *Bernadete, a santa de Lourdes*. Ed. Paulinas, 1995, p. 77.

No moinho Grãs, Bernadete tinha um quartinho só seu. Mas as visitas não a deixavam sossegada. O sobe e desce das pessoas eram incontroláveis, porque os pais ficavam atarefados nos negócios do moinho. Doente com o problema da asma, ela já não agüentava mais.

Cuidando dos doentes

Os parentes e amigos se preocupavam com todo esse tumulto em torno da vidente. Era necessário protegê-la. Então, o pároco padre Peyramale, o prefeito Lacadé e a madre Ursula Fardes, superiora do Hospital de Lourdes, reuniram-se para tentar resolver o problema. Decidiram que Bernadete seria admitida no Hospital, dirigido pelas Irmãs de Caridade, chamadas também Irmãs de Nevers.

Desde julho de 1860, Bernadete foi internada como pensionista no Hospital, onde ficou durante seis anos. Foi bem recebida pelas irmãs de caridade, que lhe arrumaram um quartinho bem arejado. Lá frequentou a escola e cuidou dos doentes internos. E, aos 19 anos, já sabia ler, escrever e falar francês.

No entanto, quase todos os dias apareciam na portaria do Hospital os peregrinos que queriam ver a "santa". Então, o sino tocava de um modo diferente, que era o sinal combinado para que a estudante deixasse a sala de aula e se dirigisse ao parlatório. Eram visitas de todo tipo: bispos; padres; historiadores que queriam mais informações sobre as aparições; curiosos pedindo autógrafos... Ao autografar as estampas, ela escrevia atrás: "p. p. Bernadette" (*priez pour Bernadette* – reze por Bernadete). Isto deu motivo para que ela ganhasse um apelido: Pepê Bernadete.

Uma das religiosas que tinha sido professora da vidente narra como ela reagia quando era chamada para atender os visitantes:

– Eu via Bernadete chorar à porta do salão quando ali havia vinte ou mais pessoas à sua espera. Grossas lágrimas rolavam de

seus olhos. Eu lhe dizia: Coragem! Então ela enxugava as lágrimas, entrava e cumprimentava a todos com graça.[2]
Depois, fazia um resumo da história das aparições aos presentes, respondia às suas perguntas e geralmente terminava dizendo:
– Eis o que vi e o que sei. Se não acreditarem em mim, o que poderei fazer?
No Hospital, foi designada para cuidar dos doentes, especialmente de uma doente, uma velha "muito repugnante", segundo a expressão do padre Pomian. Era uma alcoólatra que tinha caído de cabeça no fogo e ficara horrivelmente desfigurada. Bernadete cuidou dela com jeito e com carinho.
– A senhora não deverá "assoviar" tanto de agora em diante! Bernadete a aconselhava.
"Assoviar" significava beber, no linguajar do povo da região.
Bernadete sentiu que tinha gosto para cuidar dos doentes. Um dia confidenciou à sua prima Joana Védère:
– Gosto muito dos pobres. Gosto de cuidar dos doentes. Ficarei com as Irmãs de Caridade.

O interrogatório do bispo

No dia 7 de dezembro de 1860, o bispo de Tarbes, Dom Laurence, convocou uma Comissão de doze membros para um interrogatório solene. Bernadete sozinha no meio deles.
– A Santíssima Virgem tinha uma auréola?, perguntou um dos participantes.
– Auréola?
Bernadete não sabia o que era. Mas adivinhando o sentido da palavra, logo respondeu:
– Ah! Sim. Estava envolvida numa luz suave.

---

[2] Philippe Aziz. *Op. cit.*, p. 76.

– Você a viu direito?
– Sim, direito.
– Essa luz aparecia ao mesmo tempo em que a aparição?
– Vinha antes e permanecia um pouco depois.

Fazendo referência ao fato de Bernadete ter mastigado ervas durante uma das aparições, alguém comentou:

– Não parece digno da Santíssima Virgem ter forçado você a comer capim.

– Mas comemos salada, respondeu Bernadete, com simplicidade.

No final do interrogatório, o bispo pediu para que ela explicasse exatamente como a Senhora havia dito as palavras "Eu sou a Imaculada Conceição".

Bernadete levantou-se, ficou bem ereta, estendeu os braços para baixo ao longo do corpo e, em seguida, juntou as mãos na altura do peito e elevou os olhos para o céu (só os olhos, não a cabeça).

– Foi assim que ela disse.

Duas lágrimas rolaram no rosto do bispo. Mas ele permaneceu imperturbável, sem mexer nenhum músculo de sua face.

Depois desse interrogatório, Dom Laurence examinou minuciosamente todos os dados sobre as curas apresentados pela Comissão e pelo Dr. Vergez (professor e clínico respeitável). E em 18 de janeiro de 1862, o bispo promulgou a seguinte conclusão: "A Imaculada Mãe de Deus apareceu de fato a Bernadete".

O clero chegou a essa conclusão com base nas curas extraordinárias e nos frutos espirituais verificados nas peregrinações, mas sobretudo na própria Bernadete, na sua transparência e sinceridade.

A guerra dos segredos

Vimos que, nos dias das aparições, a Senhora revelou algumas coisas a Bernadete que deveriam ficar somente entre as duas. Eram três segredos que a vidente deveria guardar só para si durante toda a sua vida, e não deveria contar a pessoa alguma. Segredos que diziam respeito à sua conduta e ao seu futuro.

Algumas pessoas quiseram arrancar-lhe os segredos. O padre Sacareau quis valer-se de sua condição de sacerdote e insistiu:

– Diga só para mim, sou padre, vou guardá-los como segredo de confissão.

– Não são pecados.

– Eu sei, mas tenho direito de conhecê-los.

– Não devo contar para ninguém.

– Então, esses segredos são uma revelação inútil.

– São úteis para mim.

Um outro padre também insistiu:

– Você diria o seu segredo ao Papa?

– A Santíssima Virgem me disse que eu não o contasse a nenhuma pessoa, e o Papa é uma pessoa.

– Sim, mas o Papa tem o poder de Jesus Cristo.

– O Papa é muito poderoso na terra, mas a Santíssima Virgem está no céu.

– Como se poderá saber se foi realmente a Santíssima Virgem que lhe apareceu? Talvez seja uma ilusão do demônio.

– Eu joguei água benta nela. E ela fazia o sinal da cruz. E ela rezava o terço comigo.

– Não importa, o demônio poderia ter feito tudo isso!

– Ah!, bem, isso agora já não é comigo. Eu creio que era a Santíssima Virgem.[3]

---

[3] René Laurentin. *Sentido de Lourdes*. Ed. Vozes, 1957, p. 62.

Outros jogavam verde para colher maduro:
– Sei um dos seus segredos: você vai ser freira.
– É mais sério do que isso!, disse ela, rindo.
– Então, ela revelou a você os meios de ir ao céu.
– Esses meios já os sabíamos!

E até o fim de sua vida, Bernadete não revelou a ninguém o conteúdo dos três segredos que recebera da Senhora.

Vocação religiosa

A vocação para a vida religiosa, a princípio incerta, foi aos poucos se confirmando. Ainda durante os dias das aparições, o Prefeito de Lourdes, o senhor Lacadé, fez-lhe uma proposta:

– Você não gostaria de aprender um ofício e de ser bem estabelecida?

Ela entendeu: ter um meio de vida e um bom casamento. Respondeu logo:

– Oh, não! Quero ser freira.

Seu desejo era entrar no Carmelo e levar uma vida contemplativa. Mas seu estado de saúde não lhe permitia certa vocação, como também não permitiu à sua professora e amiga Antonieta Tardhivail. Além disso, ela deveria entregar um dote. Como?

Em setembro de 1863, o bispo de Nevers, Dom Forcade, estando de passagem em Lourdes, disse-lhe:

– Você não é mais uma criança. Precisa encontrar no mundo uma situação estável.

Bernadete entendeu aonde ele queria chegar e respondeu prontamente:

– Oh, não! Isso não!
– Por que não?
– Porque eu não sou nada... Não presto para nada.

– Como não presta para nada? Esta manhã eu mesmo pude ver que você presta para alguma coisa.
– Para que, por exemplo?
– Para ralar cenouras...
– Oh, mas isto não é difícil!, disse ela, rindo.

Teve até um pretendente. Raul de Choisne, residente em medicina, encaminhou ao bispo Dom Laurence um pedido propondo casar-se com Bernadete. Mas ela não se interessou.[4]

Várias congregações de religiosas tentaram atraí-la. Quando as Irmãs da Cruz, que usavam uma touca enorme, fizeram-lhe o convite, ela respondeu:
– Não quero esse chapéu!

Sua inclinação maior era para as irmãs que cuidavam dos pobres e dos doentes. Chegou a pedir para ser admitida na Congregação das Irmãs de Caridade, mas o ingresso foi adiado por diversos motivos: sua doença (crises de tuberculose), sua pobreza (que não lhe permitia ter o dote ou o enxoval exigido pela Congregação) e sua pouca instrução.

Em abril de 1866 resolveu escrever para Nevers pedindo autorização para entrar na Congregação das irmãs. A resposta veio positiva.

Antes de deixar Lourdes, viu duas coisas que a alegraram muito: a primeira procissão oficial até a gruta para a inauguração da imagem de Nossa Senhora lá colocada, e a inauguração da cripta do futuro santuário, em 19 de maio de 1866. Assim, ela via realizado o desejo da Senhora de se construir uma capela no local das aparições e de ir até lá em procissão.

---

[4] René Laurentin. *Bernadete, a santa de Lourdes*. Ed. Paulinas, 1995, p. 87.

Adeus, Lourdes!

No dia 3 de julho de 1866, Bernadete despediu-se da sua gruta querida e fez a última refeição com a família.
– Todos nós choramos, só ela não, contou seu irmão caçula.
No dia seguinte embarcou num trem, pela primeira e última vez em sua vida, rumo a Nevers. Emocionada, viu as montanhas de sua querida terra natal se afastando. Ela estava com 22 anos. Nunca antes havia deixado sua família, sua terra, a gruta. E nunca mais voltaria. Adeus, Lourdes! Adeus, Massabielle! Para sempre!

No dia 7 de julho, às 22 horas e 30 minutos, desembarcava na estação ferroviária de Nevers, acompanhada de mais duas postulantes e de duas superioras da comunidade. Já era noite e um veículo as levou até a casa provincial das irmãs de Nevers, uma construção imponente de forma quadrada. Lá irá passar o resto de sua vida.

A superiora geral da Congregação, madre Josefina Imbert, era contra a entrada de Bernadete em Nevers. O que fazer no convento com essa celebridade embaraçosa? Mas cedeu à imposição do bispo e da madre Maria Teresa Vauzou, a mestra das noviças.

Bernadete vai para Nevers "esconder-se", mas sobretudo viver em profundidade a mensagem de Nossa Senhora por meio da oração, penitência, conversão e pobreza.

Veio para se esconder, mas...

Logo no dia seguinte teve de exercer a obediência: a superiora geral pediu para que ela relatasse para as irmãs a história das aparições. O auditório estava lotado, com mais de 200 freiras da região. Bernadete estava vestida como leiga, ainda não usava

o hábito das postulantes. Esse, talvez, foi o último relato dos muitos que ela teve de fazer das aparições, seu último testemunho público. A madre Josefina pretendia acabar, dessa forma, com a curiosidade das freiras a respeito dos fatos acontecidos na gruta de Lourdes. No final da reunião, deu uma ordem rigorosa:
– De hoje em diante, nenhuma irmã poderá conversar com Bernadete a respeito das aparições.

Assim foi o "desenraizamento" de Bernadete de sua família, de sua terra natal, de sua querida gruta de Massabielle. Essa mudança brusca de ambiente lhe causou muitas lágrimas. Mas suportou tudo com bom humor. Na sua primeira carta ela escreveu:
– Leontina (uma outra postulante de Lourdes) e eu irrigamos com nossas lágrimas o dia de domingo. As irmãs nos encorajavam dizendo que era bom sinal de vocação.

Nos dias seguintes à sua chegada, a campainha da portaria do convento não parava de tocar. Os curiosos queriam ver Bernadete. Os historiadores precisavam conversar com ela para obter dados de pesquisa. E os benfeitores da Congregação, os amigos, como impedi-los? Havia também o bispo a quem não se podia recusar nada... A pobre vidente foi assediada e perturbada como em Lourdes. Muitas vezes chegou a se queixar:
– Prometeram esconder-me, mas...

Ladra...

Um mês e meio após sua entrada no convento, Bernadete adoeceu. Seu estado era grave. O médico Roberto Saint-Cyr alertou a superiora:
– Não vai passar desta noite.

O bispo, Dom Forcade, foi avisado e veio prontamente. Bernadete estava para morrer e ainda não tinha feito os votos religiosos. Devia fazê-los agora, na presença do bispo. Mas não teve forças para pronunciar a fórmula dos votos. Alguns momentos antes, ela havia cuspido uma pequena bacia cheia de sangue.

– Eu... não posso... sem força!

O bispo veio ao seu auxílio: recitou a fórmula em nome dela. Bernadete apenas manifestou o seu consentimento.

Mas ao dizer Amém!, ela recuperou o fôlego. A opressão que sentia no peito sumiu de repente. A alegria voltou a iluminar o seu rosto. E disse confiante:

– Fizeram-me professar os votos religiosos pensando que eu ia morrer. Pois bem, não vou morrer nesta noite!

A madre superiora, que havia chamado o bispo numa hora imprópria, ficou zangada:

– Você sabia que não iria morrer e não avisou? Então, fique sabendo que, se não está moribunda, não tem o direito de usar o véu de professa. Voltará ao noviciado com um simples véu de noviça.

– Como quiser, minha querida madre, respondeu Bernadete.

Mas a superiora não estava falando sério. E a neoprofessa não devolveu o véu nem o crucifixo. Isso deu motivo para as gozações das colegas, que a chamavam de "ladra", por ter tomado posse das insígnias da profissão religiosa antes do tempo. Ao que Bernadete respondia:

– Ladra, sim! Mas agora são minhas, agora pertenço à Congregação e não posso ser mandada embora, dizia ela rindo.

Bernadete, uma inútil?

Terminado o ano de noviciado, fez novamente a profissão religiosa, agora oficial, juntamente com as suas 44 companheiras. Comprometeu-se por toda a vida a praticar a pobreza, a castidade e a obediência. Na profissão recebeu o nome de irmã Marie-Bernard, que era seu nome de batismo.

Quando chegou a sua vez de receber a assim chamada "carta de obediência", a regra da comunidade, que humilhação! Tendo Bernadete ajoelhada a seus pés, o bispo perguntou à superiora geral, madre Josefina:

— Da irmã Marie-Bernard, o que pretende fazer?

A madre respondeu sem rodeios:

— Essa menina não serve para nada. Mas poderá ficar, por caridade, na casa-mãe para fazer as pequenas tarefas da enfermaria. Ela está quase sempre doente. Será conveniente para ela.[5]

— É verdade que você não presta para nada?, perguntou o bispo.

— Eu disse isto ao senhor em Lourdes, e o senhor me respondeu que isto não tinha importância.

O bispo percebeu o bom senso de Bernadete e levantou-se para abençoá-la:

— Então, eu confio a você a tarefa da oração.

Bernadete, uma inútil? Há provas de que ela era muito prendada. Bordou lindas alvas (veste que o sacerdote usa para celebrar missa) e toalhas de altar que hoje estão expostas no "Museu Bernadette" de Nevers e de Lourdes e que causam admiração aos visitantes. Também foi muito estimada como enfermeira, conforme testemunha o Dr. Robert Saint-Cyr numa carta que dirigiu ao Dr. Damoiseau: "Hoje, achando-se melhor de saúde, de enferma passou a ser minha enfermeira, cumprindo com perfeição a sua tarefa... De natureza calma e suave, trata dos doentes com muita inteligência e sem omitir nenhuma das prescrições feitas. Assim, goza de grande autoridade e, da minha parte, de inteira confiança".[6]

---

[5] D'Erceville. *Op. cit.*, p. 90. Laurentin. *Op. cit.*, p. 99.
[6] D'Erceville. *Op. cit.*, p. 92.

Penitência!

Nos treze anos em que viveu no convento não conheceu nenhum privilégio a não ser o do sofrimento. A doença da asma que sempre a acompanhou desde os oito anos de idade nunca lhe deu trégua. Havia dias em que a respiração, acompanhada de chiados, era muito difícil e angustiante.

No intervalo de poucos anos, recebeu dois golpes que a fizeram sofrer muito. A notícia da morte de sua mãe que, depois de inúmeras privações, de tanta miséria suportada, de tantas vezes se achar grávida num estado constante de sub-alimentação, extinguiu-se aos 41 anos de idade, depois de passar pela dor de ter perdido dois terços de seus filhos. E, anos depois, a notícia também da morte de seu pai, o velho moleiro, a criatura a quem mais vivamente amou neste mundo. Chorou muito. Dias depois da morte do pai, escreveu à sua irmã Maria:

– Venho chorar com você. Fiquemos, no entanto, submissas, embora sofrendo muito, à mão paternal que nos bate tão duramente há algum tempo. Levemos e beijemos a Cruz.

Além da doença e das mortificações de cada dia, algumas superioras tratavam-na com frieza. Os historiadores falam de certa perseguição que a madre superiora, Maria Teresa Vauzou, exerceu sobre Bernadete. A madre usava de severidade toda particular para com ela e dava preferência a uma outra irmã que era considerada possuidora de uma piedade extraordinária, ao passo que a piedade de Bernadete era tida como ordinária.

De fato, Bernadete vivia no convento uma vida ordinária, isto é, simples, despercebida, sem privilégios. O próprio bispo D. Forcade observou sobre ela: "Nada de arroubos nem de êxtases, nem mesmo de piedosos exercícios ou de austeridades, além do que prescreve a regra".[7]

---

[7] D. Forcade. *Notícia sobre a vida da irmã Marie-Bernard*, p. 17.

O desapreço da madre Vauzou por Bernadete era tal que um dia ela comentou com a madre Bordenave:

– Não compreendo que a Santíssima Virgem tenha aparecido a Bernadete. Há tantas outras tão delicadas, tão bem educadas!

A mesma madre Bordenave, tida como inteligente e boa psicóloga, julga que "a madre Maria Teresa devia ser o instrumento de santificação de Bernadete, servindo para desapegá-la de tudo quanto não é Deus".[8]

Nos registros do Processo Ordinário de Nevers ficou anotado: "Nós todas compreendemos que, se a tratavam assim, era para conservá-la na humildade".

Por que essa aspereza da madre Vauzou pela sua subordinada? Os historiadores e psicólogos divergem muito na resposta. Falam de antipatia natural, de despeito, de ciúmes, de descrença nas aparições da gruta ou mesmo do desejo da madre de afastar todo perigo de vaidade a que Bernadete estaria exposta devido aos privilégios das aparições. Diante de tantas opiniões contraditórias, o melhor é não opinar. Só a Deus cabe julgar as intenções mais íntimas do espírito humano.

Havia recebido da bela Senhora da gruta a missão de anunciar ao mundo a mensagem da penitência pela conversão dos pecadores. Agora ela mesma estava pondo em prática essa mesma mensagem, com sua vida de penitência.

---

[8] D'Esceville. *Op. cit.*, p. 88.

A doença se agrava

Numa carta a sua irmã Toinette, de abril de 1873, Bernadete dá a entender o quanto ela estava sofrendo:
– Eis me de novo ressuscitada, depois de três meses de cama. Principiei por uma crise bastante longa. Em seguida, uma forte expectoração de sangue, que não me permitia fazer o menor movimento sem se renovar. Não te será difícil imaginar que permanecer assim imobilizada não convêm à minha natureza ardente.

No dia 3 de junho de 1873 teve uma séria e preocupante recaída. Todos pensavam que ela ia morrer. Recebeu a Unção dos Enfermos pela terceira vez. No entanto, melhorou e voltou a rir e a ter disposição para o seu trabalho na enfermaria.

Mas a asma e a tuberculose continuavam ativas, sem lhe dar tréguas. Por várias vezes chegou a desmaiar na capela. Em 8 de dezembro de 1878, levaram-na à capela pela última vez. E três dias depois, no dia 11, deitou-se definitivamente na sua "capela branca", como ela chamava o seu leito na sala da enfermaria, porque era rodeado por um grande cortinado. Próximo da cabeceira, colocou a imagem de São Bernardo de Claraval, seu padrinho de batismo. Aos que a visitavam e a confortavam, respondia com um sorriso radiante:
– Maria é tão bela que todos os que a veem gostariam de morrer para revê-la.

Era um reflexo do pensamento que se lia no seu "diário" mantido consigo no convento, onde ela escreveu:
– Farei tudo pelo céu. Lá encontrarei minha Mãe em todo o esplendor de sua glória.

Além da asma, apareceu também um tumor no joelho direito que se agravou formando um grande abscesso, tornando o joelho enorme e muito dolorido.

O padre Febvre, seu último confessor e que constantemente estava em sua companhia, enumerou as suas enfermidades: Uma asma crônica que lhe dilacerava o peito, acompanhada de vômitos de sangue que duraram dois anos. Tinha aneurisma, dores intestinais, um tumor no joelho e, durante os dois últimos anos, osteoporose, de forma que seu pobre corpo era o receptáculo de todas as dores. Formaram-se, também, abscessos nos seus ouvidos que a afligiram com uma surdez parcial, que lhe foi muito custosa e não cessou senão algum tempo antes da morte.

Segundo a madre Bordenave, "passava as noites sem dormir e se lhe acontecia, sucumbindo à fadiga, adormecer por alguns instantes, dores agudas logo a despertavam para martirizá-la quase sem tréguas".[9]

Uma vez, quando alguém a censurou por ter deixado de trabalhar devido ao seu estado físico, ela respondeu:

– Minha cara madre, faço o meu ofício.

– E qual é seu ofício?

– Estar doente!

Com isso, ela quis dizer: meu ofício é aceitar a doença pacientemente e orar.

No dia 22 de setembro de 1878 fez os votos perpétuos. A partir de então, os sofrimentos redobraram de intensidade e não cessaram senão com a morte.

De janeiro de 1879 em diante, tornou-se quase impossível alimentá-la. Passava o tempo gemendo baixinho por causa das dores insuportáveis. As costas cobriram-se de feridas, a magreza tornou-se assustadora.

No dia 28 de março de 1879, festa de Nossa Senhora das Dores, recebeu a Unção dos Enfermos pela quarta vez. E comentou:

---

[9] Madre Marie-Therese Bordenave. *A Confidente da Imaculada.* p. 281.

– Curei-me todas as vezes que a recebi.

Depois de receber a Eucaristia ministrada pelo padre Febvre, disse, dirigindo-se à Superiora Geral:

– Minha querida madre, peço-lhe perdão por todos os sofrimentos que lhe causei, com minhas infidelidades na vida religiosa, e peço também perdão às minhas companheiras dos maus exemplos que lhes dei... sobretudo com o meu orgulho!

A noite dos sentidos

Um dia, comentando sobre sua doença e seus sofrimentos, Bernadete confidenciou a Júlia Garros:

– É muito doloroso ficar sem respiração, mas as dores interiores... são maiores ainda!

Em que consistiam essas dores interiores?

No caminho da perfeição, os místicos distinguem, entre outros, dois estados da alma: a *noite dos sentidos* e a *noite do espírito*.

Segundo o padre Laurentin, Bernadete entrou na *noite dos sentidos* quando a maravilhosa experiência das aparições, que a havia empolgado tanto, apagou-se em sua mente. Aquelas experiências passaram a ser uma coisa longínqua, inimaginável. A quem uma vez quis interrogá-la sobre o assunto, ela respondeu:

– Não gosto de falar disso. É coisa tão remota! E se, por acaso, me enganei!

Ela não quis dizer que duvidava das aparições, mas que não sentia mais nada.[10]

---

[10] René Laurentin. *Op. cit.*, p. 104s.

A *noite do espírito* é mais cruel. A pessoa entra no reino da incerteza, que faz a sua fé e a sua esperança mergulharem nas trevas. É a noite sem estrelas.

Na noite de terça-feira da Páscoa de 1879, Bernadete entra em agonia espiritual. Era o combate contra o poder das trevas. Por várias vezes ouviram-na gritar: "Vai-te, satanás! Vai-te, satanás!". No dia seguinte, explicou ao capelão, padre Febvre, que o demônio procurava lançar-se sobre ela, mas, ao invocar o nome de Jesus, a confiança lhe voltava.

O desenlace

Durante a Semana Santa, celebrada do dia 6 ao dia 13 de abril de 1879, a doença se agravou, os escarros tornaram-se mais frequentes. Em um dado momento, ela pediu um alívio:
– Procure qualquer coisa para me fortificar. Não tenho forças nem para respirar. Traga-me vinagre bem forte para cheirar.

Após uma crise muito dolorosa, disse ao padre Febvre:
– Oh! O autor da Imitação de Cristo tem razão ao ensinar que não se deve esperar o último momento para servir a Deus!... De tão pouco se é capaz nessa hora!

Ao entardecer, chamou a irmã Nathalie Portat e lhe disse angustiada:
– Irmã, minha cara irmã, tenho medo! Recebi tantas graças... e as aproveitei tão pouco!

No dia 16 de abril entrou em agonia. Mandou tirar todas as imagens e estampas de santos que ornavam o seu quarto e disse, mostrando o crucifixo:
– Este me basta!

Ficou segurando e olhando o crucifixo o tempo todo. Era o seu modo de orar, o único que conseguia na sua extrema debilidade. Mas suas mãos já estavam sem forças e o crucifixo caiu. Pediu para que o amarrassem junto ao seu corpo.

– Você já está na cruz, disse-lhe a irmã Eleonora Cassagnes.

Voltando os olhos para a cruz, ela exclamou:

– Jesus, quanto o amo!

– Vou pedir a Maria que lhe dê consolo.

– Não, consolo não, mas força e paciência... tudo isto é bom para o céu.

E, lembrando-se das visões na gruta de Massabielle, exclamou:

– Eu a vi! Eu a vi!... Como era bela e como tenho pressa de revê-la!

Sentaram-na em uma poltrona para aliviar as dores que sentia nas costas por causa das chagas vivas causadas pelo longo período em que ficou deitada na cama.

Com voz forte, exclamou:

– Meu Deus!

Depois, pediu um alívio:

– Estou com sede.

Apresentaram-lhe um copo com uma bebida fortificante.

Eram 15 horas, a mesma hora em que Jesus morreu no calvário. Sem se dar conta, fez eco a Jesus na cruz.

As religiosas acorreram para rezar o terço junto à agonizante. Bernadete ainda conseguiu rezar:

– Santa Maria, mãe de Deus, rogai por mim, pobre pecadora, pobre pecadora!

Uma testemunha descreveu como foi o último momento:

– Fez um grande sinal da cruz, pegou o copo contendo a bebida que lhe apresentaram, tomou por duas vezes algumas gotas e, inclinando a cabeça, entregou docemente a sua alma.

Ela segurava o crucifixo contra o peito. Grandes lágrimas rolaram-lhe pelas faces. Eram três horas e quinze minutos da tarde do dia 16 de abril de 1879. Tinha apenas 35 anos de idade.

No sepultamento, esteve presente Dom Lelong, o bispo de Nevers. Na oração fúnebre ele comentou:

— Do fundo de sua imensa solidão, Bernadete podia dizer o que Maria, sua Mãe, disse: "O Poderoso fez em mim maravilhas!". Sim, Deus realizou sua obra por meio de Bernadete... e também nela. Teve sua parte na herança dos privilegiados de Jesus! Bebeu fartamente no seu cálice. Sua existência foi um longo martírio. Com seu mestre, foi amarrada na cruz. A Santíssima Virgem prometera-lhe a felicidade, não neste mundo, mas no outro. Gostava de repetir esta palavra. Não foi feliz aqui na terra. Mas a Virgem apressou-se em acolhê-la no reino de seu Filho.[11]

O corpo intacto

Trinta anos após sua morte, em 22 de setembro de 1909, foi aberto o caixão para o reconhecimento dos despojos mortais. Seu corpo estava intacto.

E em abril de 1925, foi feita a última exumação. Bernadete, ainda intacta, parecia que estava adormecida. Nessa exumação, foram recolhidas algumas relíquias do corpo. Quem fez a retirada das relíquias foi o Dr. Talon, um médico cirurgião. Três anos depois ele escreveu um relatório sobre a exumação, para uma revista médica. Contou sobre o seu espanto diante da perfeita conservação do esqueleto e dos músculos, como também do fígado, o qual deveria ter-se deteriorado totalmente logo após a morte. E concluiu: "Aquilo não parecia ser um fenômeno natural".

Em seguida, cobriram sua face e suas mãos com cera e a colocaram sobre cetim, seda e rendas na capela onde hoje se encontra à veneração de todos, no Convento de Saint Gildard, em Nevers, França.

---

[11] René Laurentin. *Op. cit.*, p. 109s.

Bernadete – Máscara mortuária

Inúmeros romeiros desfilam diante desse relicário. O corpo intacto dá o testemunho de que a luz surgiu da noite e a felicidade brotou da desgraça, assim como a glória veio da cruz de Cristo.

Coisa estranha! Os restos mortais da santa permanecem longe de Lourdes, pátria da pequena Bernadete, longe de Massabielle e da gruta, longe da *capela* lá construída e longe dos peregrinos que lá se dirigem *em procissão*.

Uma vida dedicada à oração e à penitência

Bernadete passou toda a sua vida rezando e fazendo penitência pela conversão dos pecadores. Foi esta a sua vocação. Para conscientizá-la dessa vocação, certamente a Senhora lhe deu orientações. Como vimos, em uma das aparições Bernadete chorou. O Dr. Dozous quis saber o motivo das lágrimas e ela respondeu simplesmente: "Rezai a Deus pelos pecadores!". Em outra aparição, ela voltou-se para o povo e repetiu por três vezes a palavra "Penitência!".

De fato, a sua vida resumiu-se nisto: oração e penitência. Diante da vida assim tão cheia de sofrimentos daquela que foi escolhida por Maria e agraciada com tantos privilégios, surge naturalmente uma pergunta: Por que a bela Senhora da gruta, que curou milagrosamente tantos doentes, não curou a própria Bernadete?

Penso que nunca conseguiremos achar uma resposta satisfatória a essa pergunta, aqui na terra. Pois estamos diante de um mistério, o mistério do sofrimento humano, o mesmo mistério que levou o Filho de Deus a morrer na cruz. Mas podemos deduzir que, se a bela Senhora da gruta deu a Bernadete a missão de pregar a penitência pela conversão dos pecadores, não seria conveniente nem edificante que ela passasse a vida num mar de rosas, sem sofrimentos. Ela deveria ser o exemplo vivo de penitência. E o foi.

J. J. Cavalcante faz aqui uma reflexão:

> Enquanto o homem sem fé, sem princípios religiosos ou mesmo o homem de fé, mas de fé lânguida, sem profundidade espiritual, detesta o sofrimento e contra eles se rebela, o santo o abraça com admirável placidez. Por quê? Porque o sonho do santo é parecer-se com Cristo. Ora, Cristo sofreu como ninguém. Sua paixão e morte atingem o ápice da provação dolorosa. Ser outro Cristo, eis a ambição do santo. E levado por essa ambição, sente paradoxalmente paz e doçura no sofrimento.[12]

---

[12] J. J. Cavalcante. *Op. cit.*, p. 78.

Santa Bernadete

A bela Senhora tinha prometido: faria Bernadete feliz não neste mas no outro mundo. E cumpriu sua promessa. Podemos ter certeza de que Bernadete goza as beatitudes do outro mundo. Foi canonizada santa pelo Papa Pio XI no dia 8 de dezembro de 1933, dia da festa da Imaculada Conceição. Foi uma magnífica cerimônia na Basílica de São Pedro, com o Papa e todo o Colégio de Cardeais participando e com a presença de inúmeros fiéis, inclusive os irmãos da santa. Isto aconteceu apenas 89 anos após o seu nascimento.

O ato de canonização afirma que ela não foi declarada santa por causa das aparições, mas por ter praticado as virtudes em grau heróico.

> Foi uma pessoa notável por seu espírito lúcido, absoluta honestidade e coragem com que defendeu suas convicções e a verdade de suas visões, apesar das ameaças de prisão, envio a asilo de dementes, perseguições e humilhações de toda espécie. A transformação de seu caráter e de sua vida por influência de suas visões e do contato com a Virgem Santíssima, sua modificação de uma ignorante, subdesenvolvida camponesa, em uma mulher de extraordinária força e de muita modéstia, é um dos fatos grandiosos dessa história maravilhosa sob todos os aspectos.

Como estava feliz a minha alma, ó boa Mãe,
quando tinha a felicidade de contemplar-vos!
Como gosto de recordar aqueles doces momentos
passados sob o vosso olhar
cheio de bondade e de misericórdia por nós.
Sim, terna Mãe, descestes à terra

para aparecer a uma frágil criança...
Vós, a Rainha do Céu e da terra,
quisestes servir-vos
do que havia de mais humilde segundo o mundo.

(Diário de Bernadete, 1866)

Gruta atual